インタビュー調査法の基礎

ロングインタビューの理論と実践

グラント・マクラッケン［著］　寺﨑新一郎［訳］

The Long Interview

Grant McCracken

千倉書房

THE LONG INTERVIEW
by Grant McCracken

English language edition published by SAGE
Publications in the United States, United Kingdom,
and New Delhi.
Japanese translation rights arranged with
SAGE PUBLICATIONS, INC.
through Japan UNI Agency, Inc., Tokyo

SAGE Publications, Inc. は米国，英国，ニューデリーでの原著出版社であり，また，この日本語翻訳版はSAGE Publications, Inc. との取り決めにより千倉書房より出版されたものである。

インタビュー調査法の基礎
――ロングインタビューの理論と実践――

目次

目次

エディターらによる本書の紹介

グラント・マクラッケン（Grant David McCracken）は、質的リサーチ法シリーズの第一三巻において、質的リサーチの実際的な課題を乗り越えるための、現代的な青写真を提示してくれた。マクラッケンは、文化的なカテゴリー、仮定〔思い込み〕、テーマを研究対象とするときや、研究対象の中に深入りすることが困難または不可能なときに、ロングインタビューがリサーチ法の一つとして選択肢に入り得ることを啓蒙している。さらに、インタビュー作法は教授可能であることを示したことで、質的リサーチャーの役割を拡張してくれた。首尾一貫して学生に優しい方法で、マクラッケンはロングインタビューの長所、方法論的限界、そして議論が分かれる課題について、分かりやすい説明が心がけられている。詳細に議論されたトピックは、文献レビューの考え方、文化に対するリサーチャー自身の理解、自由回答的な質問票のデザイン、自らのインタビュー経験、データ分析の考え方、そして分析結果のまとめ方に至るまで、広範にわたる。こうしたすべてのトピックに対して、マクラッケン教授は、自らのインタビュー経験のみに一存しないよう注意しながら、多くの質的および量的なリサーチ法と調和の図れるインタビュー・プランを提示してくれた。参与観察的なロングインタビューの価値と方法論は、しばらくの間、注目に値するものとして存続していくだろう。本書は、これまでロングインタビューが抱えてきた課題に、うまく応えてくれる有益な一冊となる。

マーク・L・ミラー
ジョン・ファンマーネン
ピーター・K・マニング

序文と謝辞

本書は、質的なロングインタビューの理論と方法を体系的に解説したものである。具体的には、（一）重要な理論的、方法論的課題、（二）実用的なリサーチ戦略、（三）「ロングインタビューの四つのステップ」を読者に紹介することである。本書は、社会科学者とその学生に、質的リサーチの中で最もパワフルな方法の一つである、ロングインタビューについて、明確かつ包括的で、また実用的な進め方を学べるよう、デザインされている。

ロングインタビューは質的リサーチ法の中で特別な位置づけを担っている。私たちはロングインタビューを、構造化されていない参与観察的なインタビュー、参与観察、フォーカス・グループ［調査対象を絞ったインタビュー］、デプス・インタビュー［深層面接法］などと区別して論じる。

ロングインタビューは、より効率的で、あまり押しつけがましくない方法を意識して進められる限り、構造化されていない参与観察的なインタビューから始めていくことができる。さらにロングインタビューは、構造化されていないリサーチ・プロセスに内包される、不確実さや冗長さを防ぐことのできる、より鋭敏で、機動力があり、そして濃密なインタビュー・プロセスを経る。ロングインタビューでは、リサーチャーが被面接者と過ごす時間の価値が最大化できるよう、自由回答的な質問票の使用など、特殊な準備と段取りが求められる。加えて、リサーチャーがデータ分析に費やす時間を最大限に有効活用できるよう、特殊なパターンの分析が必要とされる。つまり、ロングインタビューは、非常に効率的かつ生産的で、整然とした段取りによって進められるリサーチ法なのである。

ロングインタビューは、リサーチャーが研究対象者の生活やコミュニティに親密に、繰り返しかつ長期的に関わることなく、一定の参与観察的な目的を果たすことを目指している点で、参与観察とは異なるものである。さらに、リサーチャーと一人の被面接者との間で行われるという点で、フォーカス・グループといった、グループによる質的リサーチとも異なる。加えて、ロングインタビューは、個人の感情状態ではなく、文化的なカテゴリーや共有された意味に関心を払うという点で、心理学者が実践しているデプス・インタビューとも区別される。こうした特徴はロングインタビューに特別な強みと利点を与えてくれるものであり、読者によってこのリサーチ法が、自由に実践されるよう、本書は願っている。

本書ではまず、質的リサーチの特徴と目的が概観されることになる。第二章は、質的リサーチ一般が直面している諸課題をレビューしたのち、ロングインタビュー特有の重要な課題についても議論する。第三章は、質的ロングインタビューの四つのステップについて、一つ一つ解説していく。第四章は、ロングインタビューという質的リサーチ法の質を担保し、評価するための一つの方法を提案する。第五章は、質的リサーチの結果を書き上げるための戦略について述べる。この章は特に、分析結果の書き上げという難しい作業に比較的不慣れな学生を対象に書かれている。第六章は、質的リサーチのマネジメントについて考察し、リサーチを委託したり、マネジメントしたりする人々へ向けた実践的な助言を行う。終章は、以上の内容を簡単に振り返ることで総括される。また、本書の巻末には、四つの付録が紹介されているが、これらはリサーチ・デザイン、準備、訓練を円滑に進めるために作成されたものである。具体的には、被面接者から得られる性別、年齢、居住地といった、人物紹介的なデータを収集するための質問票見本、標準的な倫理規定、予算策定の考慮事項の一覧、質的リサーチ法の訓練に適したトピックの一覧などが含まれている。

筆者は総合大学に籍を置く人類学者として、質的リサーチ法についての助言を頻繁に求められている。同僚たちはそれぞれ、老年学、公共政策、栄養学、社会学、社会心理学、デザイン、環境心理学、消費者行動、製品開発、経営学など、多様な分野を代表するリサーチャーである。そして、同僚たちのすべてが、リサーチのお供として質的リサーチ法を取り入れたいと考えている。しかしながら、同僚たちが筆者にそれを学ぶための良いテキストはないかと尋ねたとき、筆者は自信を持っておすすめできるテキストが思い浮かばない。どのテキストをとっても、ロングインタビューの潜在力を捉え、困難なリサーチに臨んでいけるだけの内容が書かれているとは思えない。したがって、質的リサーチ法、なかでもロングインタビューを体系的に学ぶテキストを作成するために、筆者は本書を上梓することにした。筆者は本書が質的リサーチ法を学ぶのに有用なテキストとなるよう、願っている。

本書の執筆にあたっては多くの困難に直面してきた。この困難が克服できたのは、以下の人々のおかげである。原稿について非常に有用なコメントをくれたヴィクター・ロス（Victor Roth）、ジョン・ファンマーネン（John Van Maanen）、リンダ・ウッド（Linda Wood）、そして助言をくれたエリザベス・ウプトン（Elizabeth Upton）、アレックス・ミカロス（Alex Michalos）、ザク・サブリー（Zak Sabrey）、ラス・ベルク（Russ Belk）、ローリー・シムス（Laurie Sims）に感謝の気持ちを届けたい。また、筆者の質的リサーチ法を受講した学生たちにもありがとうと伝えたい。最後に、シカゴ大学のマーシャル・サーリンス（Marshall Sahlins）先生、デヴィッド・シュナイダー（David Schneider）先生への学恩は計り知れない。筆者は質的リサーチ法の正式な訓練をこの二人の先生方から受けたからである。そしてミッシュ・バダッ（Mish Vadasz）先生からも初歩的な訓練を受けることができたのは、幸運というに他ならない。

第1章　序論

ロングインタビューは、質的リサーチ法の中で最もパワフルな方法の一つである。ある種の記述的あるいは分析的な目的に対して、ロングインタビュー以上に有効なリサーチ法はない。ロングインタビューを通して、リサーチャーたちは一個人の精神世界に入り込むことが可能となり、被面接者がその世界をどのようなカテゴリーや論理で捉えているのか、垣間見ることができる。また、ロングインタビューは、その個人の生活圏へとリサーチャーを誘うことができ、当人の日常生活の中身やパターンを明らかにしてくれる。ロングインタビューを行うことで、リサーチャーたちは他人の心中へと踏み込む機会が得られることから、その人が世界をどのように捉え、過ごしてきたのか、当人のように分かるようになる。

いうまでもなく、こうしたリサーチ法は、さまざまな事例で活かされてくる。すべての社会科学的なリサーチは、研究対象となる当事者たちの信念や経験をより明確に理解することで、その質は改善される。例えば、出生率に関する量的リサーチの質は、社会構成員たちがどのように家族、親、子育てなどを捉え、関与してきたかを知ることで改善される。経済的支出を対象としたリサーチでは、収入と、支出という行為に潜む文化的な背景を理解することがポイントとなる。こうした理解がなければ、リサーチャーたちの社会科学的なデータを読み解く目は、複眼的な方が望ましい場合であっても単眼的になってしまう。文化的な背景が人々の行動をどのように媒介しているのか、質的リサーチを通した理解がなければ、数値が示すこと以上については分からないのである。ロングインタビューは、社会的あるいは文化的な文脈のもと、こうした数値に意味づけを与えてくれることから、有用なリサーチ法だといえる。

その他の事例では、質的リサーチ法やロングインタビューは、ほとんど欠かすことのできないものであり、説得力のある方法だと見なされる。例えば、人々が友人をどのように定義し、どのように友情を育み、また、あらゆる社会的な状況の下、友人と他人がどのように振る舞うかを規定する、潜在的な仮定を調べることなしに、友情のリサーチを進めていくことは困難だろう。ロングインタビューはリサーチャーに対し、友情がいかに形成されるのか、アイディアを浮き彫りにしてくれるうえ、こうしたアイディアがどのように個人の世界観と関係しているのかを示唆してくれる。さらに、個人の日常生活の構成要素として、友情がどのような機能を担っているのかを明らかにしてくれる。

続いて、質的リサーチ法を求めるリサーチには、応用社会科学という第三の領域がある。筆者の同僚たちが日々実践しているように、社会科学者たちはいま、そのリサーチ技能を幅広い緊急の課題へと応用している。社会科学者たちは、高齢者における最良の住み替え戦略とはいかなるものか、デイケア・サービスをどのようにひとり親のニーズに適合させられるか、新たなデイケア・サービスの開発戦略をどのように進めていくか、二人親と一人っ子からなる家族がマンションの設計に何を望んでいるか等々、同僚たちが取り組む課題を挙げればきりがない。これらはまさに、質的リサーチ法を必要としている課題に違いないのである。高齢者にとっての家とは何を意味しているのか、シングル・マザーはどのように時間管理を行っているのか、マネジメントへ向けたイノベーションとは何か、そして都市に居住する核家族は、どのような考え方を表明し、どのようなものに関心を抱き、どのような活動をしているのか。現代生活を対象とするリサーチに社会科学を応用する際は、調査対象者に関する深い理解が不可欠なのである。

このように、質的リサーチ法が重要であるとしても、現代社会を対象としたリサーチに応用していくことは決して容易ではない。その困難さは、被面接者は多忙で、簡単には立ち入ることのできない、プライバシーの守られた生活を送っていることに起因する。被面接者の中で最も協力的な人であっても、被面接者に与えられる時間と注意は限られたものとなる。質的リサーチ法は、面接者に被面接者の心の内や生活の中を垣間見させてくれる力を与えてくれるかもしれないし、場合によっては、ありのままの姿を見させてくれるかもしれない。しかしながら、知りたい情報をすべて集められるほど、時間を割いてくれる被面接者はあまり多くない。

ただし、社会科学者の中には、こうした時間不足を気にしない人もいる。伝統的なフィールド・リサーチにおいて、人類学者は自らを徐々に、そして段階的にコミュニティの生活の中へと溶け込ませていくことができる。加えて、人類学者は、研究対象となるコミュニティの世界観や日常生活を理解するために、何カ月にもわたり現地でのリサーチを続けたりもする。とはいえ、こうしたタイプの質的リサーチに求められる資源は、明らかに多大なものとなり、これだけの時間を自由に使える社会科学者はほとんどいない。実際に、多くの社会科学者は、被面接者たちのように時間に恵まれているわけではない。参与観察に求められる、膨大かつまとまった時間を捻出するために、教育、大学や研究機関におけるマネジメント業務、他のリサーチ・プロジェクト、そして自らの私生活を十分に犠牲にできる事例はまれである。

さらに現代生活における、ある種の重要なリサーチ領域が、社会科学的なリサーチに対してあまり門戸を開いていないのも事実である。例えば北米では、長期間にわたってリサーチャーに付き添われた生活を送っても構わないという家庭は多くない。公的組織や民間企業も同様に、何ら利害関係のないリサーチャーに対して、熱心に相手をする理由などないのである。さまざまな利害関係者を擁する政党なども同様に、リサーチャーに対する不信感はなかなか拭えない。北米の人々は、自らの私生活を大切にし、それに寄り添い、精力的に守り抜こうとするし、プライバシーが破られるのを見たいとも思わない。結果として、社会科学者たちは、研究対象となる多くの人々の生活を、リサーチャーとして観察していく機会を逸してしまっている。

こうした二つの要因、つまり不十分な時間とプライバシーへの懸念は、現代生活の質的リサーチにとって重大な障害となっている。結果として、これらの障害は、リサーチ法の一つとしてのロングインタビューをより貴重なものにしている。というのも、ロングインタビューは被面接者の私生活を侵害したり、被面接者の忍耐を試したりすることなく、個人に接近することを可能にするからである。ロングインタビューを採用した場合、参与観察、控えめな観察、長期間にわたる研究対象者との接触なしに、質的な分析を貫くのに必要なデータを得ることができる。言い換えれば、ロングインタビューは、マネジメント可能な方法論的文脈の中で、質的リサーチに求められる成果を高い水準で達成させてくれるのである。

第2章　九つの重要な課題

質的リサーチの方法論の中には、論争が巻き起こっている複数の領域が存在している。その一つは、質的リサーチのコミュニティが、いくつかの社会科学分野や、社会科学的なリサーチにおける代替的方法に対する関係を、どのように構築してきたか、あるいは構築することを拒んできたかに関連している。この点については、ご存知のように、激しい論争の的となっている。質的リサーチャーの中には、自らの専門領域を超えて、他のリサーチ法や、多くの学問分野に目を向けることを選んだ者もいる。一方で、その他のリサーチャーは、自らの庭を手入れすることの美徳を主張してきた。本章で提示される方法論は、前者のタイプのリサーチャーに資する内容となっている。

二つ目は、リサーチャーと自らの文化との関係を取り巻く諸問題である。この課題は、質的リサーチ法の大いなる可能性と、大いなる困難の核心に迫るものである。質的リサーチャーたちが自文化の中で仕事に勤しむからこそ、ロングインタビューがパワフルな仕事を後押ししてくれるのである。質的リサーチャーたち自身が、世界をどのように捉え、経験してきたかを理解したうえで描写に取り組むことで、ロングインタビューから生成されたデータを補完し、解釈することが可能となる。当然のことながら一方で、自らに根付く文化は、洞察を与えてくれる傍らブラインドネス［固定観念］をもたらすこともある。こうしたブラインドネスは、リサーチャーを文化的な仮定や慣行から退けてしまうことになるだろう。本書で紹介するロングインタビューは、洞察の機会を逸しないようにし、自らに根付く文化的なブラインドネスから生じる誤った解釈を最小限に抑えられるよう設計されている。

三つ目は、リサーチャーとデータ間に生じる課題である。ここでの重要となるのは、リサーチャーはいかに豊富かつマネジメント可能なデータを収集し得るかという問題である。すべての質的インタビューは、潜在的には無限に多様で豊富なデータを生成するパンドラの箱である。ここでの問題は、質的データの特性を人為的に制約したり、強制したりせずに、こうしたデータの種類と量を調節することである。本書で紹介するロングインタビューは、この問題も考慮してデザインされている。

四つ目は、リサーチャーと被面接者間の関係にまつわる課題である。このデリケートな関係は、どのように構築され、解釈されるのが最良なのだろうか。ロングインタビューは、大変貴重なスピーチ・イベントであり、最も特殊な社会的関係を構築するイベントでもある。このロングインタビューというイベント、およびリサーチャーと被面接者間の関係を考えるにあたっては、優れた質的リサーチの遂行という目的に適うよう、精緻に設計され（そして進められ）なければならないことに疑いの余地はない。しかしながら、リサーチャーたちは被面接者の権利（公式、非公式問わず）を扱うがゆえ、注意が求められる。本書で提示される方法は、被面接者を不当に扱うことなく、質的リサーチの機会を拡げていこうとする試みなのである。

これまで、種々の質的リサーチ法が直面している、四つの課題を挙げてきた。しかしながら、これらの課題は、いくつかの異なる要素が発散しつつも交差して形成されてきたのが見て取れるだろう。したがって、四つの課題を以下に挙げた九つの主要な課題に再編成して説明することにした。

1 社会科学のリサーチ・コミュニティ

質的リサーチ法と、他の社会科学的なリサーチ法との間には、どのような関係性が存在すべきだろうか。ここに合意は存在しない。質的リサーチャーの中には協調を求める人もいる。その他のリサーチャーたちは、異なる姿勢を選択している。質的リサーチャーの中には、自らが社会科学的な世界の末端で長らく生息してきたゆえ、他の世界に完全には身を寄せられないとする者もいる。またある者は、自らの質的リサーチ法が専有的な真実への特権的な接近を与えてくれるゆえ、社会科学的な世界に身を寄せたくないと主張している。さらに、自らが質的リサーチ的作法の良き使い手であるゆえ、すでにこうした世界の隠れたエリートなのだと自認する者さえいる。このように質的リサーチャーは、自らの研究作法と異なる社会科学から距離を置くべく、独りよがりな議論を展開しがちなのである。

　こうした特別なステータス議論に潜む証拠は、大部分が事実にもとづいている。それは、質的リサーチ法の訓練と実践へ向けた明確な道筋がほとんど見られないからであり、現在では特別な能力に恵まれた少数のリサーチャーたちによって主に使用されている。こうした事情から、質的リサーチャーたちは社会科学の中で取るに足らない存在として残るほかないだろうし、質的リサーチから浮かび上がった真実は、量的リサーチからのそれと比べて何となく儚いものに見えてしまい、結果として質的リサーチ法は生まれつき才能のある者の手の届く範囲内にしか存在し得なかった。

換言すれば、ゲットー［強制居住区］へ追い込まれていることへの抗議と、魔法陣気取りの双方を共存させてきたのは、質的リサーチ法を実践する者の特別な地位のせいではなく、主に質的リサーチという領域全体の失敗なのである。本書は、質的リサーチ法が定型化され、すべてのリサーチャーたちが接近可能な方法となり得ることを示すものである。Merton, Fiske, and Kendall（1956, p. 17）が以前主張したように、インタビューという質的な方法は、プライベートで理解しがたい芸術などではない。

質的リサーチ法が自らを社会科学の完全な一市民とするための機は熟した。もし質的リサーチ法が守りの姿勢から、攻めの姿勢へと転じることに失敗したり、それを体系化し、定型化することに失敗したりした場合、いまでは関心を払って見守ってくれている、社会科学のリサーチ・コミュニティから脱落してしまうだろう。いまこそ、質的リサーチ法の価値を訴えるのをやめ、実証を開始するときである。いまは質的リサーチ法が発展するか否かの分水嶺なのであり、やや強引とはいえ、適切な言い方で表現するとすれば、質的リサーチャーは我慢するか、黙殺されるかの岐路に立たされている。

とはいえ、社会科学の完全な一市民となることは、質的リサーチャーにまず求められる新たな責務の一つに過ぎない。質的リサーチ的な作法に与するいくつかの研究の流派から有益な協力を仰ぐことも必要である。協働の目標は、質的リサーチ的な作法が内包しているアプローチが過度に多様なゆえに、複雑なものとなっている。質的リサーチ・コミュニティにおける、種々の研究の流派はお互いにバラバラでまとまりがなく、これまで協働することもなかった。

2　ドナー・ソーシャル・サイエンス：エキュメニカルな協働への呼びかけ

社会学は一九五〇年代に爆発的に活動的になった。[1] シカゴ学派（Thomas, 1983）に導かれ、あるいは触発されたリサーチャーたちは、こうした新しいリサーチ法をメディカル・スクール（Becker, 1956）、ペンテコスタル教会（Von Hoffman and Cassidy, 1956）、禁断のコミュニティ（Lezner, 1956）、上流階級の住居（Seeley et al., 1956）、そしてコミュニティ全体の隅々に至るまで（Warner and Lunt, 1941）、導入してきた。しかしながら、それは北米全体のリサーチにも応用できるようデザインされていることから、本書の提案するロングインタビューにおいても参考となるだろう。

一九六〇年代および一九七〇年代に社会科学分野に蔓延した実証主義の冬は、質的リサーチ法に対する社会学の熱狂の多くを分断した。実際に、種々の質的リサーチ法は、グレーザーとストラウス（Glaser and Strauss, 1965, 1968）やシャッツマンとストラウス（Schatzman and Strauss, 1973）の精力的で輝かしい努力がなければ、社会科学分野から完全に消え去っていたかもしれない。これらの業績はまた、参与観察モードを前提としているものの、ロングインタビュー的作法の構築に有用である。こうした業績が示した特別な美徳の一つであり、また社会科学分野で広く影響を与えてきた事柄の一つは、データ分析のために提案された各種の方法である。これは以下で参照されることになる。

幸いなことに現在、社会学分野で質的リサーチ法の復権が起こり始めている。ここで見られる新世代のリサーチは、引き続き参与観察に偏りつつも、象徴的相互作用論、現象学、解釈学、エスノメソドロジー、解釈的社会学、そしてあらゆる種類の反実証主義者を含む、複数の異なる作法を踏襲している。(2)

心理学は、実証主義の冬のもう一方の犠牲者であるが、リサーチよりも臨床を目的として、より日常的に質的リサーチ法を活用してきた（例えば、LaRossa and Wolf, 1985; Sullivan, 1954）。幸いなことに、心理学分野もまた、質的リサーチ法に新たな関心を示し始めており、多様な理論的方向性が、倫理学、ナラティブ心理学、現象学を含めて、この分野でも示されている[3]。

人類学は、決して実証主義者的な虜になるのではなく、一九五〇年代および一九六〇年代に展開されていた質的リサーチ法に対する信仰の維持に役立った。しかしながら、その実践面に重心を据えてきたことから、質的リサーチ法を形式化したり、整理したりすることに失敗した。結果として、方法論的な業績への貢献に最も適した人類学という分野は、他の分野と比較しても、その貢献度は高いとはいえない（Stocking, 1983: 112）。いくつかの顕著な業績を除いて（例えば、DuBois, 1937; Kluckhohn, 1940; Pai, 1953）、人類学は最近まで、方法論的な業績が驚くほど少なく、質的リサーチ法を教育的な活動から学生に普及させていくという、伝統的な教育が事実上行われてこなかった（Nash and Wintrob, 1972）。例えば、一九七〇年代の半ば、米国の主要な研究型大学で人類学を修める学生が、リサーチ法の講義を一度も履修せずに、修士課程や博士課程を修了していたことは、特筆すべき点である。人類学の分野ではリサーチ法の薫陶を受けていない場合、ある世代のリサーチャーから次の世代のリサーチャーへと方法論を伝えるには、独自の口述伝播に頼らざるを得なかった。同様に、各世代は、それぞれの世代が自らのために、口述伝播された方法論を刷新しなければならなかった。幸いなことに、こうした

方法論的な休眠はついに終焉を迎えようとしている。(4)

評価リサーチや行政学もまた、他の社会科学分野が質的リサーチ法を放棄していた時期に、その価値を理解していた。こうした分野は、おそらく人類学の同胞よりも自省的で体系的であり、理論的にも実践的にも充実した業績を発表してきた。(5)

実証主義の先入観に囚われたからか、消費者行動研究分野はつい最近まで、質的リサーチ法の中でも、きわめて限定的な方法に焦点を当て、その活用に注力してきた。この分野では、例えばフォーカス・グループの開発において、理論的な発展よりも実践的な発展に対して、より関心が寄せられてきた。(6) 最近になってようやく、より多様な質的リサーチ法が開発され、実践されるようになってきたのである。(7)

質的リサーチ・コミュニティにおける、こうした見切り発車的な質的リサーチ法の発展［自らのリサーチ分野と相性の良さそうな質的リサーチ法を選択し、実践してはみるものの、そこから理論的な発展が得られるほどの取り組みには至っていないことを揶揄している］や、各コミュニティの足並みの悪さは、頑健なリサーチ・アジェンダや、よく練られた質的リサーチ法の理論的モデルの提示を妨害してきた。加えて、こうした見切り発車的な背景は、質的リサーチ・コミュニティ内の各サブ・グループが、互いの分野で実践されてきた方法論を等閑視することを許してきた。ここでの重要な課題は、各サブ・グループが将来的には協働し、より良い成果を目指すよう、取り組んでいかねばならないことである。その場しのぎでリサーチを進めるだけでは、もはや十分ではなく、他の分野のリサーチ活動や、その成果を無視することは、いまでは不可能だ。こうした問題に対応した取り組みは、あまりにも少なく、質的リサーチ・コミュニティの誰もがリサーチ法的な孤立主義という贅沢に浸っている余裕などない。

　質的リサーチ・コミュニティ内の各サブ・グループが協調を模索し始めたとして、社会科学のある特定の領域が、質的リサーチ法の中心的なドナー・ディシプリン［質的リサーチ法を支える、標準的な考え方や実践方法］を担うものとして（現代の統計学が量的リサーチ法のドナー・ディシプリンであるように）浮上してくるかどうかは、疑問である。とはいえ、社会言語学がドナー・ディシプリンを担う可能性はある。社会言語学は、質的インタビューの進め方のいくつかの点で、すでに大変優れた理解を示しており（Briggs, 1986; Churchill, 1973）、インタビュー中の繊細で微妙な対話の過程を読み解く目的に適う社会科学領域は、社会言語学を差し置いて他にない。[8] こうした面接者と被面接者間の双方向の対話過程を扱う課題については、いずれにせよ、社会言語学が質的リサーチ法のドナー・ディシプリン候補として期待できることは多い。

　社会科学には、将来的に質的リサーチ法の発展に対して影響力を発揮する可能性のある領域が、他にも多くある。人類学のリサーチの中にはまだインタビューの人類学［インタビュー・ベースのリサーチ法を知るには、人類学の領域が参考になるといったニュアンスで表現されている］といえるほどのものは存在しないが、そうなる日は遠くないだろう。また、いつの日か、記号論、象徴的相互作用論、現象学の視点から、インタビュー・データを紐解いていくような、体系的なリサーチが現れてくるだろう。

3　質的リサーチ法と量的リサーチ法との違い

質的リサーチ法と量的なそれとの相違点は、学界のいくつかの領域で活発に議論されてきた(9)。本節では質的リサーチ法の作法と、量的リサーチ法のそれとの間にある、押さえておきたい最も重要な違いに絞って話を展開していこう。

おそらく、最も顕著な違いは、各作法がその分析的カテゴリーをどのように扱うかに現れてくるだろう。量的リサーチのゴールは、リサーチが実施される前に、可能な限り厳密に分析的カテゴリーを選択し、定義することであり、それから分析的カテゴリー間の関係性を十分に吟味して設定することになる。対照的に、質的リサーチのゴールは、リサーチを進めていく過程で分析的カテゴリーを選択し、定義することが一般的である。質的リサーチャーは、リサーチ・プロジェクトの途上で、分析的カテゴリーの性質と定義がむしろ変化していくことを期待している（Glaser and Strauss, 1965）。量的リサーチ法では、よく練られた分析的カテゴリーは、研究の手段である一方で、質的リサーチ法では、それは研究の対象なのである。

さらに、忘れてならないのは、質的リサーチは通常、限られた分析的カテゴリー間の関係性を鋭く検証していくよりも、多数の分析的カテゴリー間の相互関係性を探索することに焦点が当てられる場合が多いことである。こうした違いは、量的リサーチ法が得意とする、正確性の求められる分析と、質的リサーチ法が得意とする、複雑な関係性を読み解く分析との狭間にある、二律背反的な状態に特徴づけられるだろう。量的リサーチャーは、絞り込まれた研究対象に対し、高精度な分析的視点を合わせようとする。対照的に、質的リサーチャーは、はるかに広い研究対象に対し、比較的おおざっぱに分析的視点を合わせようとするのである。

各リサーチ法間のもう一つの違いは、回答者に求められる、質問の意図を汲み取る能力と関係がある。社会科学分野には、回答者から容易かつ迅速に回答を引き出せるタイプの質問がある。量的リサーチにおいて回答者は、何が尋ねられているのかを正確に把握し、かみ砕いたうえで、曖昧さなく返答することができる。しかしながら、質的リサーチでは、こうも簡単にはいかない。回答者は、質問の意図を汲み取らなければならないし、どういった返答を用意すべきか、しばし考える必要がある。以上のような、回答者に求められる負荷の差は、質的リサーチ法と量的リサーチ法との大きな違いの一つである。回答者が容易かつ誤解なく回答できる問いを投げかける場合には、選択肢のある質問や量的リサーチ法で代替するとよいだろう。対照的に、そうではないタイプの問いを投げかけるときは、質的リサーチ法を用いて、より探索的にデータを集めていく方が適切である。

質的アプローチと量的アプローチの最後の違いは、研究目的に沿って集められる、回答者の数と種類にある。量的なリサーチ・プロジェクトでは、リサーチャーたちは、より大きな母集団での一般化を目指すべく、相応のサイズやタイプのサンプルを用意する必要がある。しかしながら、質的なリサーチ・プロジェクトでは、一般化可能性は重要ではない。それは接近の問題なのである。インタビューという質的リサーチの目的は、ある特徴を共有する人々がどの程度いて、どういったタイプに分類できるのかを見出すことではない。むしろ、ある文化が構築してきた世界への扉を開く、文化的なカテゴリーや仮定への接近を図ることなのである。どのくらい多くの人々が、あるいはどのようなタイプの人々が、こうしたカテゴリーや仮定を有するのかといった、サンプル・サイズの問題は、そもそも問われていない。問われているのは、カテゴリーや仮定そのものであって、それを有している人々などではない。言い換えれば、質的リサーチは地形をリサーチするのが目的なのではなく、地形を掘り起こすことが目的なのであり、広く浅くではなく、狭く深く進められるものなのである。

回答者の選択は上記の狭く深く進められるという、質的リサーチの特性に沿って行われる必要がある。第一の原則は、多いよりも少ない方が良いということである。多くの人と表面的に仕事をするよりも、少数の人とより長く、より慎重に仕事をすることの方が重要である。質的なリサーチ・プロジェクトの多くは、八名の回答者からデータを得られれば十分である。量的リサーチ法の教育を受けた社会科学者は、八名とはあまりにも少ないサンプルだと安直に批判してくるだろうが、質的リサーチの回答者たちはそもそも、より大きな母集団の一部を代表するものとして選ばれたわけではないことを肝に銘じておきたい。質的リサーチ・プロジェクトでは回答者数が限られる代わりに、回答者らの文化の背後にある複雑な特徴、組織、そして論理を、リサーチャーに垣間見させてくれる機会を与えてくれる。発見された含意が、その他の世界においてどれだけ広く観察されるものなのか、質的なリサーチ法では知る由もないが、量的なリサーチ法を通して知ることはできる。質的リサーチャーにとって、質的リサーチ法と量的リサーチ法の共同利用が重要となる所以は、まさにこうした分業が成り立つからである。質的リサーチャーは量的リサーチを利用してみて初めて、質的リサーチから明らかになった文化的な現象の分布と頻度を確認する準備が整うのである。

質的リサーチ法と量的リサーチ法との違いは、いくつかの含意を提示してくれる。第一に、各アプローチは、リサーチの進め方や考え方がまったく異なっていることである。こうした認識は、質的（量的）リサーチ法に親しんできたリサーチャーが、量的（質的）リサーチ法を習得したり、評価したりするときに、留意すべきことである。たとえ、質的リサーチ法がより定型化され、ルーチン化されたあとであっても、量的リサーチ法に軸足を置いてきた学生が、単に質的リサーチ法の初歩的な技術を学んだというレベルで、それを習得することはできないだろう（質的リサーチ法の実践者が、例えば回帰分析の習得によって、量的リサーチ法をマスターしたかのように振舞うほかないのと同様に）。質的リサーチ法の進め方や考え方を学ぶことは、量的リサーチ法と異なる研究の問いの立て方や、［現象の］捉え方を、自らに浸透させていくことが求められるだろうし、研究の問いやデータを概念化するための新たなリサーチ戦略が必要となってくる。

第二に、質的および量的アプローチは、互いに代替関係にあるわけでは決してない。

というのも、各アプローチは、異なる現実あるいは同じ現実の異なる側面を観察しているに過ぎないからである。こうした違いは認め合わなければならない。リサーチャーは質的リサーチから量的な結論を導き出すことはできない。Overholser（1986）は、質的リサーチャーの中には、結果を量的な用語で語る傾向があることを指摘している。こうしたリサーチャーたちは、回答者のすべて、何人か、半数以上がある意見を表明したといった書き方を、質的データを説明するための有用なあるいは決まった示し方であるかのように実践している。Falciglia, Wahlbrink, and Suszkiw（1985）は、四人の回答者を対象に一五〇〇時間以上の観察を行ったのち、その結果を量的なデータとして示したのが、その好例である。以上のように、量的リサーチの標準的な結果の示し方というのは、社会科学の文化に深く埋め込まれていることから、量的な示し方で質的リサーチの結果を表す傾向から解放されるまでには、まだしばらく時間がかかるだろう。

とはいえ、量的リサーチが質的リサーチの必要性を決して排除しないのも事実だ。先行研究には、人々が世界についてどのように考え、どのように過ごしているかを伝えるべく、量的データを用いてきたリサーチャーの例が多く存在するからだ。つまり、それぞれのリサーチ法を使って何ができて、何ができないのか、よく把握しておくことが不可欠である。こうした理解を経てのみ、リサーチャーたちは各リサーチ法を併用し、それらの分析的な利点をリサーチに生かすことを学べるのである。

4　道具としてのリサーチャー

質的リサーチにおいて、リサーチャーはデータの収集と分析を担う、一種の道具としての役割を果たす（Cassell, 1977: 414; Guba and Lincoln, 1981: 128–152; Reeves Sanday, 1979: 528; Schwartz and Schwartz, 1955: 343）。この喩えは、リサーチャーが多様かつ柔軟な方法で、自らの経験、想像力、知性を幅広く駆使しなければ、質的リサーチの目的を達成できないことを示唆しており、分かりやすい比喩となっている（Miles, 1979: 597）。

質的リサーチ法に潜む、こうした複雑さや奥深さといったものは、質的リサーチを扱う組織にとって、強調すべき方法上の特徴である。量的データと比べると、質的データは雑然とした未整理のデータである。したがって、質的リサーチでは、リサーチャーがデータを整理し、［必要なデータをそこから］選別し、データ間の関連性や仮定のパターンを読み解くための観察の技術を必要とする。こうしたパターンを検出するプロセスを機械化することは困難だ。というのも、パターンを読み解くには、自らの認知能力を最大限に発揮するだけでは不十分で、自らの経験と想像力を存分に働かせて傾聴することが求められるからである。パターンを検出するプロセスは、一種の物色プロセスによって進められる。リサーチャーはデータに裏付けられたパターンと同様のパターンを見つける（ないし作り出す）ために、自らの経験と想像力を働かせなければならない。リサーチャー自身が有する多様な側面は、パターン間の類似性が見出せるまで、データに対して保持される、ひな型の引き出しのようなものである。

　こうした、質的リサーチに見られる観察の技術は、道具としてのリサーチャーという捉え方に反映されてきたゆえ、前述のような質的リサーチ法への誤解を招いてきた。質的リサーチに従事する人々の中には、質的リサーチ法は、ベールに包まれた神聖な真実を明らかにしてくれる、まるで魔法をかけられた芸術的な魂を有する者によって真価が発揮されるため、全人によって取り組まれてきたとする者もいる。しかしながら、筆者はこのことを声高に叫ぼう。道具としてのリサーチャーという捉え方は、質的リサーチの空想的な理想像を担保してくれはしないことを。質的リサーチ法の基礎的な考え方は、じつに分かりやすく、伝わり易いものである。リサーチの感性が備わっていない人間であっても、それを習得し、実践することができる。いつの日か、質的リサーチ法が、凡庸な教師や学生の間でさえも、日常的に取り組まれていくのを目にすることになるだろう。

道具としてのリサーチャーの考え方は、被面接者がインタビューで語ったアイディアや行動と、リサーチャー自らの経験の中から、それらと一致するものを単に探すときに、最も容易に進められる。筆者の研究では、自らの家族関係、具体的には祖父との関係、甥や姪との関係について思いを巡らせつつ、孫との関係について被面接者が放った発言の真意を考えてみることにした。こうしたデータの照合活動は、この祖父［被面接者］が親としての責任を負わない関係（喜び）と、親としての権限を持たない関係（不安）に、喜びと不安という、相反する二つの興味深い感情を抱いていることを示してくれた。この照合プロセスは、被面接者が伝えたいメッセージを記入し、肉付けするのにも一役買っている。

こうした照合プロセスには、単純な一対一の関係など存在しないことに留意されたい。面接者の経験から被面接者の経験への粗雑な伝達などは生じていない。それどころか、面接者の経験は、被面接者の発言を掘り下げることに有用な情報、インタビューへの指針、提案の玉手箱に過ぎないのである。一見すると非常にもっともらしい一致があったとしても、インタビュー・データの後半からの裏付けと確認は必要となる。確かな一致が認められるまで、繰り返し裏付けや確認を行わなければならない。

ときには、リサーチャー自身の経験と一致するようなデータが見当たらないこともあるだろう。こうした場合、リサーチャーは何が語られているのかを読み解くことで、リサーチを進めていかなければならない。想像力による発話内容の再構築のプロセスは、照合技術よりもやや困難なものである。リサーチャーは、支離滅裂だけれども、どこか新鮮な、あるいは奇妙な主張から、異質で不可解な意味の世界を紐解く必要がある。リサーチャーたちは、自らが日常的に用いている思考のカテゴリーを使って、この作業を進めていく。例えるならば、リサーチャーは、日干しレンガの小屋を建てようとしている熱帯雨林の住人のようなもので、こうした作業は本質的に難しいものだ。

想像力による発話内容の再構築のプロセスは、いくつかの方法で実施することができる。これらの中で最も効果的な方法の一つは、リサーチャーが被面接者の新鮮かつ奇妙な発言を、あたかもそれが単純で完全に真実であるかのように扱うことである。リサーチャーは発せられた内容が、まるで最も自然な仮定であったかのように、自らの心の内に留めておかねばならない。こうした捉えどころの難しい内容を適切にかみ砕いていくことができれば、リサーチャーは、「こうした内容がもし真実なのだとしたら、被面接者の見ている世界は、どう私に映るだろうか」と自問することができる。以上のプロセスがうまくいったとき、リサーチャーは、被面接者の水面下にある仮定やカテゴリーを拾い上げ、それらを発話内容の解釈に試してみたことで、被面接者の世界観の見え方を再構築することに成功したといえる。もしこの方法が照合作業よりも難しいとすれば、それはまた、より刺激的な発見につながる可能性があり、その発見はときに質的リサーチ法の真の成果となる。

想像を働かせて被面接者の発話内容を再構築するという、この技術を使った筆者自身の研究で、最も印象的な例は、七五歳の女性に対して自宅の居間で行ったインタビューの最中に出てきた（McCracken, 1988a）。居間の家具についてインタビューしていたとき、筆者はモノとしての居間の家具という、筆者自身の仮定を放棄しない限り、この女性のコメントを完全に理解することができないことに気づいた。彼女の発言を素直に追っていくためには、これまでと異なるモノの見方を探索する必要があったのだ。彼女の話に耳を傾けているうちに、新たな見方が突然、力強く現れた。「何ということだ。彼女の中で、居間という場所は、家庭の一部ではなく博物館だったのだ。つまり、居間に配置されている家具は、無機質なモノや消費財などではなく、記念品なのだ」と筆者は悟ったのである。被面接者が語りかけてくる言葉を、それが真実であるとの前提で咀嚼することは、道具としてのリサーチャーという役割が目指す、最も厳しくも、やりがいのある行為なのである。

５　押しつけがましさのバランス

質的リサーチ法は、回答者がどのように生活圏を捉えているかを探るとき、最も有用でパワフルな方法となる。こうした目的の達成には、被面接者の言葉を可能な限り控えめに、かつ無指向的な方法で引き出すことが不可欠となる（Brenner, 1985）。インタビュー中の重要な瞬間では、リサーチ・プロジェクト全体の成功は、正確に、かつ正しい方法で被面接者から情報を引き出せるか否かにかかっている。こうした瞬間での誤りは、被面接者が示したカテゴリーや論理を的確に捉えられなくする。つまり、被面接者が発したカテゴリーや論理ではなく、リサーチャー自らの論理とカテゴリーで捉えてしまうことになるのである。結果として、リサーチ・プロジェクトの記録が、危険なほどに恒真式的な記述［リサーチャー自らの論理とカテゴリーが適切か否かにかかわらず、それが常に真となるような記述］にて残されることになる。

こうした失敗が示唆する留意点の一つは、リサーチャーは一般的にアクティブ・リスニングと呼ばれる方法でインタビューを行ってはならないということである。アクティブ・リスニングとは、リサーチャーが被面接者のスピーチや身振り手振りに秘められた意味を読み、それを被面接者に再生することを薦める方法である。この方法では「あなたが言っていることから推察するに…」とか、「あなたの声の調子から怒りの感情が読み取れる」といった言い回しによって、インタビューが進められていく。質的リサーチャーは、こうしたアクティブ・リスニングを用いたインタビューを行ってはならない。アクティブ・リスニングは、質的リサーチ・プロジェクトが否が応にも回避したい、不本意なインタビューを誘発するものであり、以下の質的筆記録からの抜粋が示すように、良いデータをほとんど完全に破壊してしまう可能性が高い。

面接者：「家族と離れて一番寂しかったことは何ですか？」
被面接者：「家族？」
面接者：「例えば、愛と温もりとか？」

ここでは、面接者は無指向性の原則に違反し、被面接者自らが発すべき言葉を提案してしまっている。幸いなことに、被面接者は提案された言葉を使わずに、自らの言葉で次のように答えた。

被面接者：「一体感というか、そういう状況のもと、家族と話すように話せるので、より親密に対話することができます。ところが軍隊では、そうはいきませんよね。」

この被面接者の発言では、家族と軍隊という相異なる対象が取り上げられ、一体感を表現するための階層的な比喩に用いられており、興味深い言葉の使い方となっている。発言を通して、被面接者が有する何らかの世界観が表面化してきているため、面接者は決して被面接者を妨げることなく、淡々と見守る必要がある。代わりに、面接者がもし次のような質問を投げかけた場合はどうなるだろうか。

面接者：「つまり、表面的なレベルでの会話になってしまうということでしょうか。」

こうした質問は、被面接者が放った、興味深い言葉の使い方を無為にし、これ以上の対話に意味を見出せなくさせることから、被面接者はタオルを投入することになる。

被面接者：「表面的なレベルでの会話…。そう呼んでも良いかもしれません。」

上記のような、会話の腰を折る質問には、細心の注意を払いたい。リサーチャーは、被面接者自らの言葉で、自らのストーリーを語ってもらうように配慮することが重要である。とはいえ一方で、面接者はインタビューの舵取りも行わなければならない。質的リサーチから得られるデータは、往々にして非常に情報量が多い。すべての質的インタビューは、潜在的にはパンドラの箱である。すべての質的リサーチャーは、潜在的に無作為で豊富なデータの海に沈む、不幸な犠牲者のようなものである。質的データを操るのが下手なリサーチャーは、確実に跡形もなく海底へと沈んでしまうだろう。

問われているのは、質的データに秩序と構造を与えるべきか否かという二者択一ではなく、いかに秩序と構造を与えるべきかという問題である。リサーチ・データの収集の段階でこうした問題に対処する方法の一つは、一連のプ、ロ、ン、プ、ト［面接者が被面接者に対して行う、会話の促進策］を講じることである。一連のプロンプトは、インタビューを構造化するのに役立つよう、デザインされている。二つ目の方法は、よく練られた質問票の作成である。これらの方法の詳細は、次章にて議論する。

６　上手に距離を取るということ

あまり馴染みのない文化に身を置き、活動しているリサーチャーは、自らが慣れ親しむ文化を対象に活動している人よりも、優位に研究を進めることができる。というのも、前者の目の前にあるものは、事実上すべて、多かれ少なかれ不可解なものだからである。一方で、後者は研究対象からこうした決定的な距離を取ることはできない。客観的に対象を捉えるには困難なほどに、それに慣れ親しんでおり、結果として多くの仮定を携えて研究を進めることになる（Chock, 1986: 93; Greenhouse, 1985: 261）。こうした仮定のもとでは、見えざる手によって知らず知らずのうちに研究の方向性が定められ、リサーチャーが観察したり、理解したりできる対象の範囲や種類が狭まってしまう。Von Hoffman and Cassidy（1956）が指摘するように、「私たちは、何度も何度も象徴、行為、慣習に遭遇し、それらを普段どおりの意味合いで捉えては、後ほどそうではなかったことに気づくことになる」（p. 197）。こうした問題を避けるには、［研究対象と］距離を取ることがリサーチャーの責務となる。すなわち、私たちが深く盲目的に慣れ親しんできたものに、批判的な目を向ける必要があるのである（Marcus and Fischer, 1986:

137-164)。

とはいえ、距離を取ることが求められるのは、リサーチャー側だけではない。ほとんどの被面接者は、自分が何を信じ、何をしているのかについて、十分に説明することができない。被面接者の信念は仮定となり、その行動は習慣となってしまっているからである。どちらも今では、ほぼ完全に無意識の底に沈んでしまっている。リサーチャーは、仮定となって被面接者の無意識の底に沈んでいる信念や習慣を、意識可能な高さまで引き上げるお手伝いをしなければならない。その秘訣はやはり、距離を取るという行為に他ならない。

リサーチャーたちは、いくつかの方法で距離を取ることができる。彼（女）らは、自らの世界を形づくるカテゴリーや仮定について、改めて距離を置き、再考することができる。その古典的な方法は、長きにわたり異文化で生活したのち、もとの文化に戻るという技法である。この方法を用いた人類学者らは、以前は気づけなかった、元来の世界に特有の、理屈では捉えられない事柄を感じ取れる、繊細な感性が備わるようになったと、口を揃えて報告している。とはいえ、単刀直入にいえば、こうした方法は多くの社会科学者にとって実践的な選択肢とはならず、他の技術も検討する必要がある。

ここで押さえておくべきは、距離を取ることに対して、多くの非公式な機会が存在しているということである。日々の些細な出来事が、こうした機会の一端を担ってくれるだろう。はっと驚く出来事を例に、それを考えてみよう。いわゆるサプライズ［はっと驚く出来事］は、期待に反する状況下で生じるものであり、隠された文化的なカテゴリーや仮定の存在を示唆してくれる。サプライズとは、期待に反する状況下で、距離を取る機会なのである。ただし、諧謔《かいぎゃく》［ユーモア］はサプライズと切り離して考えた方がよい。諧謔は、文化的カテゴリーを意図的に攪拌することで、仮定を見えづらくさせるからである。諧謔がリサーチャーの期待のもと、いかなる働きを担うか探ることは、距離を取るための有用な方法の一つとなる。事実上、すべての創造的な芸術は、何らかの形で私たちと距離を置いている。シェイクスピアの『リア王』を例に考えてみよう。リア王では、父親と娘が互いに何を背負って生きているのかというテーマが扱われている。この悲劇の詳細を構造的な視点で観察することで、私たちは家族関係に関する月並みな仮定から離れられ、より明確に家族関係を考察することができる。端的にいえば、私たちの日々の生活は、観察可能な機会に溢れている。鋭い観察眼は、あらゆる局面で意図的に操作された距離を見つけられるだろう。

社会科学者の中には、観察と分析の基礎として、距離を取ることに相当長けた人物もいる。アーヴィング・ゴフマン（Erving Goffman）は、おそらく最も有名な使い手であり、社会的な言説のルールを解き明かすために、そのルールが破られがちな状況下、具体的には精神病院に身を置くことを決意した。社会的な言説のルールが破られるごとに、ゴフマンは日常生活を水面下で支配している常識的なルールの全体像が見え始めた。ゴフマンの予測が裏切られるごとに、対象との距離が生じ、社会生活を支配する見えないルールが浮かび上がってきたのである。

リサーチャーたちは、自らの予測を確認すべく、親近感の名のもとに、さまざまな方法で被面接者の背後にある世界を覗こうとしてくる。一方で被面接者は、こうしたリサーチャー側の事情を理解しつつも、その協力には気が乗らず、自発的な協力を仰ぐまでには時間を要する。リサーチャーたちが、自らのカテゴリーや仮定の呪縛から解放されるには、被面接者への穏やかな介入が求められる。以下に示されるように、距離を取る方法の一つとしては、被面接者が自明だと信じる事柄を引き出す、何らかのプロンプト［面接者が被面接者に対して行う、会話の促進策］を試してみることである。こうしたプロンプトは会話の契機であるかもしれないし、よく練られた質問票であるかもしれない。また、写真などの刺激を次々と提示することで、被面接者に刺激間の類似点や相違点を指摘してもらったり、説明してもらったりするよう、求めてもよい。優れたリサーチャーは、必要に応じて距離を調整することで、被面接者が自らの経験を報告することを促してくれる。

要約すると、リサーチャーと被面接者の双方は、馴染みのあるデータを、馴染みのない方法で検討する機会を必要としているのである。次章で紹介される、質的リサーチ法の四つのステップでは、双方がいかなる方法で距離を取ることになるか、詳細が議論される。

7　質問票

質的リサーチのインタビューでは、質問票の利用は任意なこともある。しかしながら、質的なロングインタビューでは、求められる成果を得るべく、それは必須である(Brenner, 1985)。

質問票にはいくつかの役割が期待される。まず最初の役割は、リサーチャーが各被面接者に対して、同じ順序ですべての項目を押さえられるよう、担保することである。その際、各インタビューの会話の文脈を、大まかに記録しておこう。二つ目の役割は、距離を取るのに必要な、プロンプトの調整と段取りである。以下に紹介するように、こうしたプロンプトは、インタビューの中で慎重かつ正確な時期に行われなければならない。面接者がまさにインタビューの最中に、プロンプトを行ったり、思い出したりすることを期待することは容易ではない。三つ目の役割は、質問票が対話の方向性と範囲に関する道筋を示してくれることである。真に自由回答的なインタビューでは、ありとあらゆる言葉が飛び交う、混沌とした状況に陥る可能性を大いに秘めている。最後に、四つ目の役割は、面接者が被面接者の発言にすべての注意を向けられていることである。面接者の最も重要な責務は、仮定の推測を行うという、知的な活動であって、定型化されたタスクに気を取られないようにすることである。以上をまとめると、質問票を使うことで、インタビューの大まかな構造と目的がブレなく担保されることから、面接者は目の前の仕事に集中することができるようになる。

　質問票の使用は、質的インタビューの自由回答的な特徴を台無しにするわけではないことを、強く協調しておきたい。各質問には、探索的で、構造化されていない回答を引き出せる余地が残されている。実際に、こうした余地は質的インタビューに不可欠なものである（Merton, Fiske, and Kendall, 1956: 43–50）。柔軟にリサーチを進めていくことは、多くの場合、理解を促す唯一の道となる。面接者は、インタビューの偶発性を最大限に活用し、こうした偶発性を掘り下げてくれそうな、あらゆる機会を模索していく必要がある。以上をまとめると、データを秩序づけ、面接者の負担を軽減してくれる質問票という手段は、インタビューの自由度や偶発性の要素を破壊しないよう、注意して使用されなければならない。

さらに、質的データが生来有している、情報の豊富さや雑多な感じを無視することは、インタビュー調査法の本来の使途ではない。質的データの分析とは、相当な分量のデータの集合体を、面接者が紐解いていくことを意味する。質的データのこうした特徴を抜きに、被面接者の心の世界で、どのようなアイディアが相互に結び付けられそうか、あるいはこうしたアイディアがどのような文化的な論理のもと成り立っているのか考察することは難しい。分析的な目的の達成には、アイディア自体だけでなく、こうしたアイディアがどのような文脈のもと、生じてきたのか捉えることが必要である。ここでいう文脈とは、いわば漁獲物を生かすための少量の海水のようなものだ。

8　リサーチャーと被面接者との関係性

質的リサーチと量的リサーチとの重要な違いの一つは、前者の方が後者よりも、リサーチャーと被面接者との関係がより複雑な点である。こうした複雑な関係は、いくつかの課題を提起する。

こうした課題の一つは、「被面接者の目にリサーチャーはどのように映っているか」といった単純なものである。論理よりも感覚に優れた社会構成員として、北米の被面接者は、リサーチャーとプロジェクトがどのようなものか理解するべく、利用可能なあらゆる手がかりをもとに私たちを推し量ろうとする。リサーチャーの所属機関、リサーチ・プロジェクトの概要、さらには、リサーチャーの外見、服装、話し方のクセに至るまで、判断材料として利用される（Denzin, 1978b; Strauss and Schatzman, 1955）。こうした意味的な探求は、被面接者の回答内容に甚大な影響を及ぼす（Briggs, 1986; Williams, 1964）。もしリサーチャーがこうした手がかりを上手に調節できなければ、インタビューに臨む被面接者の姿勢や、被面接者から得られるデータの中身に悪影響が及ぶだろう（Benney and Hughes, 1956; Cannell et al. 1968, 1979; Lerner, 1956; Stebbins, 1972; Strauss and Schatzman, 1955; Vidich, 1955; Vogt, 1956）。

手がかりを調節する方法には、以下のように簡単なやり方もある。筆者の経験では、インタビューへ向けて、自らをうまく表現する最良の方法は、メディアに合わせて公式さと非公式さのバランスをとることである。服装、態度、話し方に一定の公式さが見られると、被面接者はリサーチャーのことを科学者、つまり個人的な目的のためにインタビューしているのではなく、研究目的のためにインタビューしている人だと見なすため効果的である。さらに、こうした公式さは、リサーチャーがインタビュー内容の匿名性を担保してくれそうな、信頼に足る人物だと、被面接者を安心させるのにも役立つ。一方で、ある種のバランスの取れた非公式さは、リサーチャーが被面接者の生活圏の複雑さや困難さに対して、あまりよく分かっていない、あるいは無関心ではないことを、被面接者に伝えることから、効果的な場合もある。当然のことながら、こうした公式さと非公式さのバランスは、被面接者特有の文脈や要求に応じて、調整されなければならない[10]。

被面接者側ではなく、面接者側からの視点で、以下の問いを考えてみよう：「被面接者の目にリサーチャーはどのように映っているだろうか」。質的リサーチ・コミュニティの中には、被面接者をある種の協働者として見なそうとするグループもある（例えば、Elden, 1981; Gross and Mason, 1953: 200; Reason and Rowan, 1981）。こうしたアプローチは、研究目的の全面的な開示を促せる利点があり、質的リサーチを取り巻く倫理的な課題の解決にも役立つ（Whittaker, 1981）。また、Whyte（1955）や Turner（1967）のリサーチが証明しているように、方法論的な理由からも賞賛に値する（Campbell, 1955を参照のこと）。

しかしながら、質的インタビューにおいて、完全なる協働に異を唱える者もいる。たしかに、リサーチャーは被面接者との間に、直接的な関係、いうなれば、結びつきを強く持ち過ぎないように注意しなければならない（Benney and Hughes, 1956; Geertz, 1979; Stebbins, 1972; Wax, 1952）。というのも、被面接者との行き過ぎた親密さは、インタビュー本来の目的を不明瞭にしたり、複雑にしたりする可能性があるためだ。最も明白な危険は、リサーチャーの条件と目的を示された被面接者が、自らのアイディアを伏せ、模範的な回答に終始してしまうことである。被面接者は、リサーチャーにとってあまりにも親切な存在となってしまい、リサーチャーの求める回答になるべく応えようと配慮するかもしれない。第二に、協働は、Miller（1952）が呼ぶところの過度に気の合う関係の可能性を高めることになる。被面接者と面接者の間に明確な社会的距離を取ることは、難しい質問をしたり、デリケートな分析をしたりしなければならない場合には、特に必要である。筆者自身は、被面接者の個人的な魅力や社会的地位が、コメントの内容に制限をかけてしまい、当人の人生がうまく面接者側に伝わってこなかったという経験がある（McCracken, 1986）。第三に、インタビューが比較的匿名で行われる場合、被面接者は、飛行機で隣の席になった人と会話が盛り上がるかのように、素直に応えてくれる機会になる。こうした機会は、被面接者との関係性が、より確立されてくるにつれて、期待できなくなる。結果的に、被面接者を協働者とすることの賢明さは失われてしまうであろう。

質的インタビューの被面接者は、次のような危険に晒されている。質的インタビューに参加することで、時間を取られたり、私生活が侵害されたりするうえ、質問票リサーチでは滅多に生じない、知的かつ感情的な負荷がかかってきたりする。さらに深刻なことに、多くの被面接者はインタビューの冒頭において、こうした危険を予測することができない。リサーチャーたちは、インタビュー・プロセスを進めるにあたって、被面接者があからさまに、あるいは僅かながらも、不快な気持ちになっていないか様子をうかがう努力が求められる。**付録B**に掲げてある、標準的な倫理規定は、被面接者の権利を保護する方法の一つを示したものである。

とはいえ、ロングインタビューは被面接者に対し、危険のみならず、利点も供与していると、筆者は確信している。筆者が六五歳から七五歳までの個人を対象としたロングインタビューを提案した際、研究助成団体は、こうしたインタビューは負担が大きすぎるのではないかと懸念を表明した。筆者も同様に被面接者が長い時間、細かな質問に応じ続けることは、危険なほどの負担をかけてしまうのではないかと心配していた。結果は意外なことに、筆者を含むリサーチャーたちの懸念は杞憂に終わってしまった。ほとんど例外なく、被面接者の方が面接者よりも疲労を感じておらず、精力的であったからである。何度も何度も、筆者は意識がぼんやりとしないよう、テープ・レコーダーをお供に作業を続けていたが、実際には被面接者の熱意に押される形でインタビューは進められることになった。興味深いことに、インタビュー・プロセス中の何かが、被面接者のエネルギーと関与を補充し続けていたのである。

こうした不可解な現象への答えはいくつか考えられる。Cannel and Axelrod（1956）や Caplow（1956）が指摘するように、質的インタビューは被面接者に対し、通常とは異なる社会性を与する機会をもたらしてくれる。ロングインタビューを通して、被面接者は、完璧な会話のパートナー［面接者のこと］のもと、自らをより良く理解することができるようになる。というのも、面接者は自らの会話の順番を抑えてでも、被面接者が伝えたい何かに耳を傾ける準備ができているからである（Stebbins, 1972）。質的インタビューのこうした特徴は、被面接者をリサーチャーたちの関心の的にしてしまうこと（Ablon, 1977; Von Hoffman and Cassidy, 1956）、質的インタビューでなければ交わすことのできない話を聞けること（Leznoff, 1956; Wax, 1952）、自己分析という、知的かつ挑戦的なプロセスに携われること（Merton and Kendall, 1946）、そして一種のカタルシスさえ経験させてくれること（Gorden, 1956: 159）などの効用を被面接者に与えてくれる。こうした効用の数々は、ほとんどの被面接者にとって、質的インタビューから生じる危険を補って余りあるものとなるだろう。

9 マルチメソッド・アプローチ

現代の北米を対象としたリサーチにおいて、ロングインタビューは単一の方法として扱われてはならないものである。ロングインタビューは、ある特定の事柄に対して、あらゆる洞察を与えてくれる方法とはいえ、使い方によってはまったく信頼に足らない、場合によっては誤解を招いてしまう、手引きとなるかもしれない。また、別の言い方をすれば、ロングインタビューが記述できる現実性は、社会科学者が血眼になって議論しなければならない、唯一のものというわけではない（Trow, 1957: 35）。質的リサーチ法の世界には、リサーチャーたちが自由に使える選択肢がいくつか存在しており、各選択肢にはそれぞれ一定の利点がある。何らかの参与観察が可能な場合、人類学者が熟知しているように、ロングインタビューは他の方法に比べて相当な利点を享受できる。ロングインタビューを行うことで、たとえこちら側の意図を汲み取った被面接者であっても、リサーチャーたちの意識的な理解や暗黙の了解を超えたデータを収集することができる。実際に、場合によってロングインタビューは、信頼に足るデータを得るための唯一の方法となる。[11] フォーカス・グループもまた、被面接者たちが、インタビュー内容やその場にいる仲間たちに問題を感じていない場合において特に有用な方法となる。[12] そのリサーチ・プロジェクトが、被面接者の信念や行動といった問題を扱う際に、ロングインタビューでは得られない厳密さが求められたときは、レパートリー・グリッド分析が有効かもしれない。[13] リサーチの目的によっては、人生物語[14]、事例研究[15]、規定[16]、そして日記法[17]が用いられる場合もある。

質的リサーチャーはまた、量的リサーチ法を最大限に活用するための準備をしなければならない。現在、多くの質的リサーチャーたちは、量的リサーチ法を利用することに消極的である。しかしながら、とりわけ高度に異質で複雑な社会を研究対象とする場合には、量的リサーチ法が必要不可欠であることに疑いの余地はない。残念ながら、質的なリサーチ法と量的なそれとの橋渡しという、最も困難な方法論的課題を、どのように克服していくかを示した文献はあまり多くない。[18]

以上の九つの課題は、すべての質的リサーチャーにとって示唆に富むものである。こうした課題は、自らの属する社会で質的リサーチを行おうとするリサーチャーにとって特に関連性が高い。各課題は、大きな方法論的挑戦のもう一つの側面を捉えている。それは、リサーチャーが被面接者の生活に完全かつ緊密に接近することが常に妨げられている社会において、どのように質的リサーチを行うことができるのか、という側面である。第三章では、第二章で述べられたポイントを体系化し、ロングインタビューの手引きを示していく。

第3章　ロングインタビューの四つのステップ

本章では、説明を分かりやすくするために、ロングインタビューの四つのステップ（**図1**）を以下の二つの観点のもと解説していく。東西に伸びた軸（X軸）は、ロングインタビューの四つのステップの円を分析的なデータと文化的なデータという二つの領域に分けるものである。次に南北に伸びた軸（Y軸）は、ロングインタビューの四つのステップのサークルをレビュー・プロセスと発見プロセスという二つの領域に分けるものである。

X軸とY軸を合わせると、これらの二つの軸はロングインタビューの四つのステップのサークルを四つの象限に分け、それぞれがリサーチ・プロセスの中で独立しつつ、連続的なステップの一部を形成していることが分かる。各象限を簡潔に表現すると、以下のようにまとめられる。

図1　ロングインタビュー：質的リサーチ・メソッドの４つのステップ

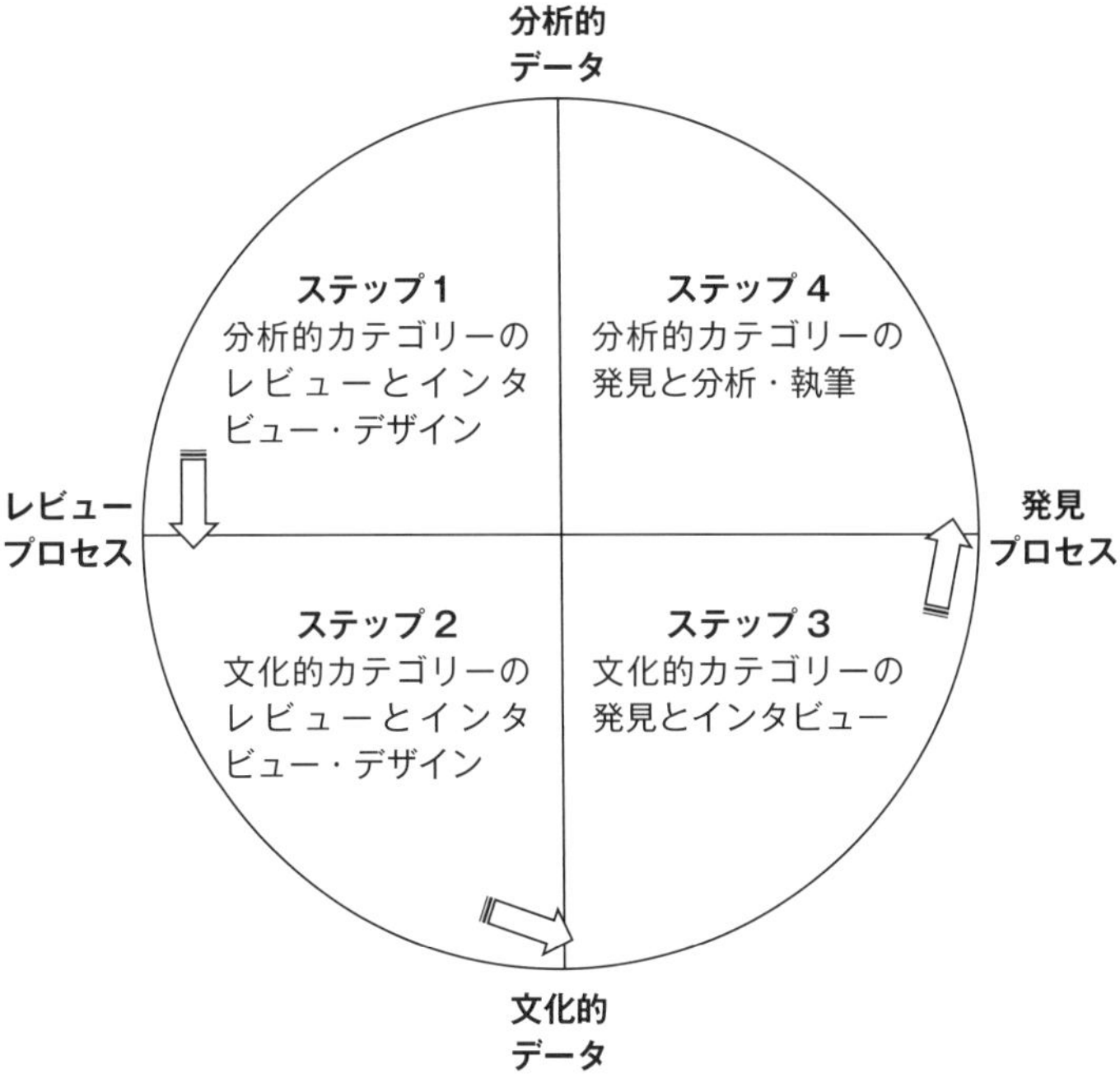

(一)　分析的カテゴリーのレビューとインタビュー・デザイン
(二)　文化的カテゴリーのレビューとインタビュー・デザイン
(三)　インタビューの手順と文化的カテゴリーの発見
(四)　インタビュー分析と分析的カテゴリーの発見

図1上の四つの象限は、順序付けられつつも、相互作用し合う性質

を持った、四つのステップとして整理することができる。以下、各ステップについて順を追って説明していく。

1　第一ステップ：分析的カテゴリーのレビュー

ロングインタビューの最初のステップは、過去の文献の網羅的なレビュー〔読み込みと整理〕から始まる。しかしながら、リサーチャーの中には質的リサーチ法を、その探索的な方法論ゆえに、自らが取り組む研究テーマと関連した過去の文献を無視することが許される免罪符として捉える人もいるようだ。

こうしたリサーチャーは、質的リサーチ法は非常に強力で、かつ独特な説明を支持してくれるものであり、リサーチャーを誰も行ったことのない場所へ誘う方法となり得ると主張している。言い換えれば、こうしたリサーチャーは質的リサーチ法とは既存の文献を無意味なもの（最悪の場合、実証主義的な歪曲をもたらすもの）に変貌させる方法なのではないかと、自信たっぷりに疑っているのである。とはいえ、質的リサーチャーにとって、こうした言い分は受け入れがたいものだろう。なぜならば、こうした言い分は質的リサーチャーが先行研究を無為なモノと捉えているがゆえ、学術的なコミュニティに相応しい存在ではないと主張されているに等しいからである。現代において質的リサーチャーが恐れなければならないのは、質的リサーチャーが自らつくり出すゲ、ッ、ト、ー、そのものなのである。

ここで押さえておきたいことは、優れた文献レビューは、多くの明白な美徳を持ち合わせているということだ。というのも、リサーチャーは優れた文献レビューによって問題設定をしたり、データを評価したりできるうえ、リサーチャーの主観から離れて概念を示してくれるからである。さらに、質的リサーチャーにとって文献レビューは、特別な重要性がある。それは、何らかの驚くべき発見へ向けて、質的リサーチャーに元来備わっている感性を研ぎ澄ましてくれるからである（Lazarsfeld, 1972b）。

過去の文献を十分に渉猟《しょうりょう》し、整理できている質的リサーチャーは、過去の文献から想定され、今回の研究によって覆されるような、何らかの想定される事態をすでに把握できている。こうした期待に反するようなデータは、目立ち、読みやすく、非常に挑発的なデータであり、これまで十分に議論されてこなかった何らかの理論的な仮定の存在を示唆してくれるものである。すなわちKuhn（1962）のいうところの、まさに知的な革新の源泉であるといえる。徹底した文献のレビューは、多かれ少なかれ自らの発見と先行研究との距離感を確かめる方法となるうえ、リサーチから得られたデータが、その研究領域内にある既存理論のどのあたりに位置づけられるものかを示してくれる。

しかしながら、文献レビューから生じた先入観が質的リサーチを進めていくうえで障害になり得ることも事実である。前述のように、研究対象となるはずのもの、それ自体を当たり前の存在に認識してしまうのは、リサーチャーにありがちな行為である。リサーチャーの中には、文献レビューは先入観を生むので避けるべきだと主張する論者もいる（Rennie et al., in press）。とはいえ、文献レビューから生まれる「先入観」の効用は、おそらく、そのコストよりもはるかに大きいのではないだろうか。あるいは、別の言い方をすれば、優れた文献レビューは、先入観として働くというよりも、より客観的な視点をリサーチャーに与えてくれるものなのである。

結局のところ文献レビューとは、アイディア収集へ向けた単純な探求活動というよりも、むしろリサーチャーが常に懐疑心を持ち続けるための重要な仕事であるといえる。文献レビューは、じつは質的な分析の一種なのであり、学界で唱えられている意識的、無意識的な仮定をあぶり出し、こうした仮定がどのように問題や発見の位置づけを窮屈にしているかを示してくれる。優れた文献レビューは、リサーチャーを過去のリサーチの捕虜ではなく、マスター［支配者］にするための批判的な過程なのである。

文献レビューの第二の目的は、インタビュー質問票の作成の手がかりを見つけることだ。質問票の作成は、インタビューがカバーする範囲を定めることから始まり、データを整理するためのカテゴリーや関係性を特定してくれる。さらに、被面接者の言明の背後にある何らかの大きな存在を示してくれたり、面接者が何について質問すべきか、何を聞くべきかを決定したりするのに役立つ。なお、文献レビューがひと段落するまでに、リサーチャーは質問ではなく、質問のもととなるトピックの一覧を作っておく必要がある。

以上をまとめると、ロングインタビューの四つのステップにおける第一ステップは、学術的な文献のレビューと、そこからの脱構築の両方をカバーするものである。第一ステップは、インタビューが実施される前に把握しておくべき議論に関する最初の取り組みであり、インタビューが探索しなければならないカテゴリーと、カテゴリー間の関係性に目星を付けてくれる。

2　第二ステップ：文化的カテゴリーのレビュー

ロングインタビューの四つのステップにおける第二のステップは、文化的カテゴリーのレビューからなる。[19] このステップから、リサーチャーが自らをリサーチの道具として働かせていくことになる。

これまで議論してきたように、研究対象の文化に深く長く慣れ親しんでいると、リサーチャーの観察力［被面接者が発した言葉の細部を注意深く観察し、そこから重要な気づきを得る力］や分析力が鈍くなってしまうといった重大な問題に直面することがある。とはいえ、それはリサーチャーが研究対象と非常に親密な間柄になれるという利点もある。こうした親密な情報提供者の存在は、他の文化圏で活動している参与観察者の中では、ほとんど望むべくもないような繊細な感覚と繊細な洞察力をリサーチャーに与えてくれる。これは例外的ともいえる分析上の優位性であり、ロングインタビューでは可能な限り親密な情報提供者を活用できるよう、準備を進めておく必要がある。ロングインタビューの四つのステップの残りのステップすべてにおいて、こうした試みは組み込まれるべきではあるが、とりわけ第二ステップにおいて意識されるべき取り組みである。

第二ステップの目的は、リサーチャーが関心のあるトピックについての個人的な経験をより詳細かつ体系的に理解できるようにすることである。そのためには、こうした経験の詳細な検討が必要になってくる。

リサーチャーは自らの頭の中にある、トピックを取り巻く連想や事件、仮定などを棚卸して、整理しなければならない。日常生活の中では、それらはどのような場所にあるのだろうか。それらは誰が、どのようなスケジュールに従って、どのような思惑と実際の目的のために、どのような結末で、関係しているのだろうか。そのトピックは、世界に関するどのような仮定をもとに成立しているのだろうか。世界の構造に関する定説について、それはどのような形で再生されるのだろうか。簡潔にいえば、第二ステップの目的は、構造的なものとエピソード的なもの、文化的なものと特殊なものを分離して、トピックの体系的な性質を自らの経験から引き出すことである。

ここで有用なやり方の一つは、手元のトピックが、自らの過去の経験や社会的な慣習と劇的に異なるエピソードに巻き込まれたときのことを回想することである。期待や仮定を垣間見るには、それらが裏切られたときほど良い時期はなく、自明なことを自明に捉えていたことが、急に浮き彫りになってくる（Agar, 1983a）。

個人的な所有物と家の空間の文化的性質に関するリサーチ・プロジェクトにおいて、

筆者の文化的カテゴリーのレビューは、筆者が所有しているもの、それをどういうきっかけで所有するようになったか、それを失ったとき筆者はどのように反応するかを検討することで進められていった。文化的カテゴリーのレビュー結果から、筆者自身の所有物の保管と展示のパターンは、筆者の一過性の青春時代に心に留めていた一種の「私は長くはここにいない」という感情を今でも反映し、存在していることが明らかになった。以上を踏まえてリサーチを進めた結果、被面接者から聞こえてくる所有物の保管とその展示の間に潜む違和感を、より敏感に感じるようになれたのである。

また、筆者の住環境を振り返ってみたところ、北米の家庭では、キッチンや居間はほとんどがダイニング・ルーム、つまりダイニング・スペースを間に挟んでいることに気づかされた。こうしたことを考えているうちに、正式なくつろぎを目的として、キッチンや居間、ダイニング・スペースといった三つの空間は、次のように類型化できるのではないかと、ふと思いついた。つまり、(一)食べ物+社交的な機能なし(つまりキッチン)、(二)食べ物+社交的な機能あり(つまりダイニング・ルーム/エリア)、(三)社交的な機能+食べ物なし(つまり居間)の三つの類型である。以上を踏まえて、被面接者が自宅の空間をどのように捉えているのか、またその中で行われている社会的な相互作用の性質をより敏感に感じ取れるようになったのである。

文化的カテゴリーのレビューには三つの目的がある。第一は、質問票の設計へ向けた準備であり、これは過去の文献では考慮されてこなかった、文化的なカテゴリーや関係性を特定する機会となる。こうした機会がうまく機能すれば、特定されたカテゴリーや関係性は質問項目作成の基礎となるだろう。何を探せばよいのか。どのように設定されるのか。何と何がつながっているのか。それについて質問するためには、どのような方法が最も適切かつ手間がかからないだろうか。何より最も重要なことは、どのような質問の方法が、このテーマについてリサーチャーが知りたいことを最も確実に引き出してくれるだろうかを考えることである。

文化的カテゴリーのレビューの第二の目的は、データ分析の際に起こり得る物色に備えることである。面接者は文化的カテゴリーとその相互関係を注意深く検討し、インタビュー・データの中から一致するものを探し出すためのテンプレートを準備する。リサーチャーは、被面接者の声に耳を傾ける前に、まず自分の話に耳を傾けるのである。

続いてこのステップの第三の目的は、本書を通してたびたび言及されてきた距離を確立することである。リサーチャーは世界［研究対象］を理解するために使用する文化的なカテゴリーとその構造を知ることによってのみ、慣れ親しんだ期待のテラ・ファルマ［堅く乾いた大地］からそれらを根絶することができる立場となる。自分の世界観［研究対象を捉えるまなざし」をより明確に理解することで、世界から決定的な距離を取ることができるのである。

質的リサーチ法の四つのステップにおける第二のステップ［文化的カテゴリーのレビューを指す］では、リサーチャーを自らの経験への照らし合わせと反照らし合わせという二つのプロセスに従事させようとする。最初のプロセス、つまり照らし合わせがなければ、データの収集と分析に求められる聞き取りの技能が不足してしまう。第二のプロセス、つまり反照らし合わせがなければ、リサーチャーは自らに深く埋め込まれた文化的な仮定からの距離を十分にとることができない。

文化的カテゴリーのレビューというステップは、無気力かつ夢想的で内省的なものではないことを強調しておかなければならない。他の学術領域の作法［演繹的に導き出された仮説を、統計的検定といった量的リサーチ法によって検証することが求められる、リサーチ領域の作法］の中で育った人は、自らの経験を先入観として扱い、それを脇に置いておくことが奨励されている。しかしながら、質的リサーチ法では、自らの経験はまさに世界を理解し、説明するためのものである。自らの経験は、不十分な分析となってしまうことを避けるための、極めて重要な知的資本と見なすことができる。

第二のステップを通して文化的カテゴリーのレビューを終えたことで、新たな文化的カテゴリーとその関係性に関する情報を整理された形で列挙していく作業を終えることができた。以上をもって、インタビューそれ自体の設定と実行という第三のステップに移ることにしたい。

3 第三ステップ：文化的カテゴリーの発見

3.1 質問票の設計

まず、インタビューを始める前には、質問票を形式化しておく必要がある。最初のプロセスには特に難しいことは含まれず、インタビューを開始するための一連の人物紹介的な質問を作成することから始められる。性別、年齢、出生地、婚姻や家族の状況といった人物紹介的な質問によって（詳細は**付録A**を参照のこと）、リサーチャーは、被面接者の生活に関する簡単な記述的内容を把握することができる。

このように、人物紹介的な情報を詳細に収集しておくことで、面接者は被面接者から発せられる言葉の数々が現実味をもって把握できたり、分析の際の手元資料として必要に応じて参照したりすることができる。インタビュー中の発言と、人物紹介的なデータの双方を照らし合わせながら同時に収集していくことは時間の有効活用という面で困難なため、この手続きをまず押さえておきたい。

とはいえ、純粋に質的な質問は、そう簡単に、あるいは機械的に識別できるものではない。質問票の設計を考えていくにあたって、他に重要な二つの一般的な原則がある。まず、ロングインタビューの第一の目的は、被面接者が自分の言葉で自らのストーリーを語れるようにすることだという認識を持つことから始まる。面接者は、できるだけ控えめな印象を被面接者に与えるよう心がけなければならない。質問票の設計では、質問が一般的かつ誘導尋問とならないような表現となっていることが非常に重要である。

控えめな印象を心がける目的は、被面接者をバネのように弾ませることであり、語られる話の内容や視点を過度に具体的にすることなく、被面接者を会話に向かわせることである。いかなる場合にも、被面接者に放たれる質問は期待される回答を暗示してはならない。インタビューの冒頭における、こうした直接的ではない質問は、脇道的な質問と呼ばれている（Spradley, 1979: 86–87; see Werner and Schoepfle, 1987: 318–343）。

いったん脇道的質問がうまく回り始めれば、それを維持することは比較的容易であり、かつ目立たずに行えるようになる。最も簡単な方法は、日常会話のいくつかの特徴を慎重に利用して、フローティング・プロンプトを試すことである（Churchill, 1973:

Dohrenwend and Richardson, 1956)。被面接者の発言の最後に眉毛を上げるだけで（パラ言語学の文献では眉毛フラッシュと呼ばれている）、ほとんどの場合、被面接者は心地よくなり、その内容をより話したくなる。もう少し目立った方法としては、被面接者の最後の発言のキーワードを質問調で繰り返すだけの方法が挙げられる（被面接者：「それで、ガールフレンドと一緒に外出してボロボロになることに決めたんだ」、面接者：「ボロボロに?」、被面接者：「そう、そのときは本当に、本当に、ぶっ壊れたよ」)。被面接者に対して、こうした技術が効果的でなければ、面接者はもっと積極的に質問を投げかけた方がよいが（「『ぶっ壊れた』って具体的にどういう意味?」)、とはいえ押し付けがましくなってはならない（「つまり、『酔っぱらった』ってこと?」)。

ここでの目的は、ストーリーの鍵を握るような言葉（「ボロボロになった」、「ぶっ壊れた」など）が浮かび上がってくるかどうかに注目し、被面接者に対してこうした言葉と関連した内容を積極的に話してもらうことである（Emerson, 1987: 75; Lazarsfeld, 1972a)。フローティング・プロンプトは、比較的に控えめかつ自然な方法でこれを可能にしてくれる。脇道質問法とフローティング・プロンプトを組み合わせて使用すると、面接者が必要とするすべての内容を引き出すのに十分な場合がある。しかしながら、文献レビューや文化的カテゴリーのレビューで明らかになったカテゴリーが、インタビューの過程において自然に浮かび上がってこないことが度々ある。このような場合には、面接者は、より積極的に、ときには被面接者の話を遮ってしまうほどの構えで、インタビューに臨めるよう準備しなければならない。つまり、面接者は計画的プロンプトという選択肢を採用することになる。

計画的プロンプトは、トピックが自明または不可解な領域に属する場合に特に有効な方法となる。計画的プロンプトという、フローティング・プロンプトに次ぐ二つ目の方法の目的は、被面接者に何かを押し退けてもらうことである。具体的には、被面接者に対してなかなか頭に浮かんでこない現象や言葉にならない現象について考えてもらったり、話し合ったりする機会を与えることである。おそらく最も重要な計画的プロンプトは対比プロンプトである（例えば、カテゴリー「x」と「y」の違いは何か？）。なお、対比プロンプト的な質問は、まず被面接者自らが放った言葉に限定して放たれるべきである。こうした言葉を使い果たした場合にのみ、面接者は文献レビューや文化的カテゴリーのレビューから抜粋した言葉を取り入れた方がよい。面接者が予め用意した言葉を用いた計画的プロンプトは、インタビューの中で各質問カテゴリーの最後に取っておくべきである。そうすれば、予め用意した言葉が被面接者によって自発的に語られない限り、質問されることはない。

もう一つの計画的プロンプト戦略はカテゴリー質問である。カテゴリー質問は、面接者が議論されているトピックの形式的な特徴をすべて説明できるようにするために用意されるものである。例えば、研究対象が何らかの活動や出来事である場合、被面接者がそれらの研究対象を構成している多面的な各要素をどのように認識しているか知りたくなるだろう。多くの場合、こうした認識の手がかりは脇道的な質問を続けるうちに、被面接者の発言中に漂うものだが、ほとんどの手がかりは考慮されることなく、無邪気にもインタビューが続いてしまう。面接者は、被面接者がその出来事の主要な登場人物、中心的な行動、ドラマティックな構造、重要な小道具、その場にいた聴衆、与えられた役割、割り当てられた皮肉屋、社会的な意義、文化的な意義、そして良い成果と悪い成果をどのように表現しているか、知りたいと思うだろう。脇道的な質問に対する回答から読み取れないカテゴリーは、その後に消えてしまうことになる（当然のことながら、人の行動は時間、場所、聴衆などの環境に依存するというドラマツルギー的な要素は除外され、文書化されたインタビュー内容によってのみ分析の対象となってしまうのである）。各トピックのカテゴリーには、質問票を作成する際に予想しておくべき形式的な項目の一覧がある。

もう一つの計画的プロンプト戦略は、研究テーマと関連した例外的な事件を被面接者に思い出すように求めることである。こうした事件の思い起こしは、場合によっては自発的に表面化する場合があることから、面接者は迅速にそれを展開しなければならない。例外的な事件を思い出してもらうことで、想像とは異なる現実が浮き彫りとなり、被面接者を仮定から引き離すのに役立つのである。面接者が取り組むべきは、この新しい距離感の結果を被面接者に報告してもらうことである。今回の事件で最も印象的だったことは何なのか？ なぜ、正確には、それが意外だったのか？ 正確には何が矛盾していたのか？ こうした類の質問は、通常は隠されている例外的な事件を垣間見る機会を被面接者に与えてくれる。また、面接者にとっても新たな機会が生まれる。社会生活の表面が奇妙な出来事によって開かれたとき、文化的なカテゴリーや関係性が突如として目に見えるようになるからだ。

三つ目の計画的プロンプトの手順は、自動運転［専ら被面接者に説明を委ねること］である。この技術は、非常に押しつけがましいものだが、場合によっては非常に有用である。被面接者は、画像、ビデオ、またはその他の刺激について意見をし、そこで見たものについて自らの言葉で説明するよう求められる（e.g. Wax and Shapiro, 1956; Whyte, 1957）。通常、こうした資料を準備するのは面接者側である。筆者自身が北米の住宅の文化的性質を研究する際は、例えば、インテリア・デザインの様式が異なる写真を自動運転の刺激として使ってきた。このような、写真を使ったプロンプトは、筆者に有益なデータを提供してくれた（McCracken, 1987; 1988a）。この方法の有用な変化型としては、被面接者が自ら刺激（自宅のビデオや夏休みの日記など）を用意して、そのうえで解説してもらうという方法が挙げられる。自動運転は、インタビューに持ち込むことが難しいような、被面接者が有する何らかの経験を前景化し、客観化するのに役立つことから、有用なプロンプト戦略であるといえる。

これらの条件を満たすインタビューは、ほとんどの場合、非常に長いものとなる。探索的なリサーチでは、二時間から三時間のインタビューが一般的な長さとなる。筆者はこれまでに六時間のインタビュー（三時間のインタビューを二回、二時間のインタビューを三回に分けて）を行ってきたが、文献によっては八時間にも及ぶインタビューが報告されている（Gross and Mason, 1953）。インタビュー時間が長くなければ、被面接者に自らのストーリーを語らせ、とりとめのない会話が続いていくなか、重要な用語を探っていくことは不可能である。幸いなことに、時間が大幅に制限されている被面接者でさえ、こうしたロングインタビューに喜んで参加してくれることが多い。

そして、最終的な質問票は、一連の質問項目へと続く一連の人物紹介的な質問で構成される。これらの各質問には、フローティング・プロンプトと一まとめになった脇道的な質問が含まれている。また、最終的な質問票は対比、カテゴリー、特殊なイベント、自動運転といった質問からなる計画的プロンプトで構成される。こうした質問票を手にした面接者は、大まかな旅行の日程表を手にしたような状態でインタビューの場面に臨むことができる。インタビューの各段階で何が起こるのか、どのくらいの時間がかかるのか、面接者がどの瞬間にどの段階にいるのかなどは正確には想定されていない一方で、インタビューの方向性と最終的にカバーする項目に関する意識づけは十分になされている。

被面接者の選定は、インタビュー準備の最終ステップである。インタビューの対象者はサンプルではないこと、また、被面接者の選択は被験者抽出のルールに縛られるべきではないことは、すでに述べたとおりである。とはいえ、被面接者の選定にはいくつかの経験則がある。被面接者は完全な他人（面接者や他の被面接者には知られていない人）であり、数が少ないこと（八名以下）。被面接者は、研究対象のトピックについて特別な知識を持っていないか、無関心であってはならないこと。さらに重要なことは、被面接者の選択は被面接者と適度な距離を取る機会であるということである。こうした距離感は、被面接者の一覧に年齢、性別、社会的地位、学歴、職業のいずれかについて意図的な対比をつくることで行われる。

3.2　インタビューの手順

質問票が完成したら、いよいよ本格的にインタビューを始めることになる。インタビューの冒頭では、現実的に重たい負荷がかかってくる。インタビューの最初の数分間で実際に何が語られようとも、面接者は温厚で、受け入れやすく、好奇心旺盛（ただし、詮索好きではない）で、事実上どんな発言にも興味を持って耳を傾けようとする人であることを示さなければならない。当然ながら、被面接者は自らのことをあまり明かしたくない、または、無感情な反応を面接者から受ける危険がある場合は、考えを伝えたくないと考えている（Rogers, 1945）。被面接者は、いかなる会話中にも起こりうる面目丸つぶれの可能性が（面接者はどのような会話の中でもそれを避けることにかなりの熱量と注意を払っている）、現在進行中の会話では起こり得ないことを保証しよう。被面接者にこうした良心的な態度を合図する方法は、同意の合図となる身体の姿勢や顔の仕草を利用することである（Cannell and Axelrod, 1956; Palmer, 1928）。ここでは、批判的な態度や無骨な態度を示すよりも、少しぼんやりとしていて、あまりにも好意的に見えるくらいの方がよいだろう。

このほっこりとした雰囲気を作るための二つ目の方法は、出だしの質問を簡単な情報系の質問にすることである。この段階における数分間の無為なおしゃべりは歓迎される。というのも、それは被面接者に市場が何を耐え、何を許すかを見定める機会を与えるからである（Berent, 1966）。出だしの質問は、被面接者が自らの立ち居振舞いを設定する段階であるため、被面接者を安心させるための重要な時間となる。人物紹介的な質問はこの目的を果たすことができる。

事前準備が完了したら、面接者は脇道的な質問、フローティング・プロンプトと計画的プロンプトを展開しなければならない。さらに、重要であると目されたすべてのカテゴリーについて、データが収集されていることを確認していく必要がある。一方で、面接者はこれらの予め想定していたカテゴリーや関係性に加えて、被面接者が発した言葉の中から予想外のカテゴリーや関係性のデータを識別し、展開する準備をしておかねばならない。

インタビューは事実上、面接者が自由に使える第三の情報源である。文献レビューと文化的カテゴリーのレビューは、カテゴリーと関係性の探索の第一歩となる。しかしながら、この探索を追求していくための最も重要な機会は、明らかにインタビューそのものだといえる。それはまた、最も難しいことでもある。被面接者は、非常に混沌としていて複雑な会話の真っただ中で重要なデータに遭遇する。慌てずに確認したり、反省したりする機会など実際にはないのである。さらに、こうした機会は再び訪れることはないという切迫した経験知も備わっている。面接者がその瞬間に捉えられなかったものは、永遠に失われてしまうだろう。過ちは簡単に犯すことができても、それを正すことはできないため、インタビューとは挑戦的な機会なのである。

部分的なデータを記録しつつ、全体的なデータとして記録していくには、忍耐と細心の注意が求められる。面接者はいくばくかの不安を質問票に託し、ある一定の想定された質問の機会が訪れることと、ごく一般的なインタビューを続けていくことの両立を図らねばならない。こうした状況の中で面接者に求められるのは、細心の注意を払って被面接者の話に耳を傾けることである。質的リサーチの面接者がロングインタビューは非常に骨が折れるものだと頻繁に語っているのは、傾聴プロセスに対して絶対的な難しさを感じている証拠である（多くの被面接者が、私たちが述べたように、非常に刺激的であると感じているのと同様に[20]）。

面接者はさまざまな言葉に耳を傾けていく。最初の目的は、重要な用語を対話の中から見つけることである。重要な用語が被面接者の言明から出てきたら、根気よく追求しなければならない。その前提となる用語、付随する用語、用語間の相互関係はどうなっているのか。面接者はこうしたすべてのことに耳を傾け、脇道的な質問に答えられない場合は、自由に使えるプロンプトを使って、その原因について論理的な可能性を一つ一つ探っていくとよい。

とはいえ、面接者は、印象の管理、トピックの回避、意図的な歪み、些細な誤解、理解不能など、他にも多くのことに耳を傾け、その都度、必要な対処法を講じなければならない（Briggs, 1986; Douglas, 1976; Salamone, 1977）。被面接者が意図的にトピックを避けている場合、そのトピックに対して、より斜めの方向から接近できるかどうか、あるいは他の脅威の少ない言葉を使って接近できるかどうかを見極めることで対処することが求められる。筆者自身の経験では、被面接者の方が、自らが望んでいた以上に自らのことを語っていたことを突然発見したことがある。こうした場合、筆者は被面接者にトピックを変えるための会話のギャンビット［糸口ないし切り出しの言葉］を提供するようにしている。面接者に丁寧さと戦略があればこの方法を推奨したい。もし面接者が会話の中で被面接者からの不用意な発言を利用しようとすれば、被面接者はいま以上の親密さを拒むことで対処しようとする可能性が高い。

また、今後トピックとなり得ることを素早く予測するために、会話の道筋を俯瞰することが必要であり、会話の道筋が閉ざされていたり、あるいは有望でないように見えたりした場合、トピックの糸口をつかむための代替的な戦略を検討することになるが、これは難しいことだろう。幼少期に住んでいた家の話を尋ねられていた被面接者が、いきなり父親と行った野球の試合の話をし始めると、一見して、トピックが変わったように見えるかもしれない。しかしながら、こうした場合であっても少しの間でよいので、被面接者に話を続けさせせなければならない。急にトピックが変わったように見えるものは、単純で重要な部分を浮き彫りにしたものという可能性がある。この場合、家庭と野球の試合は関連しているのかもしれない。なぜならば、この被面接者にとっての家は、父親のスポーツの世界とは対照的に存在する母親の領域であるからだ。この場合、被面接者が自分の考えに沿って話してもらうことを許すことが不可欠となる。

もちろん、被面接者の中には、安い蓄音機の針のような頻度でトピックを飛び越える人がいるのも事実である。被面接者が話題分割や話題滑走をするときは、そっともともとのトピックに戻さなければならない。これも、絶対的に必要な範囲内でのみ、何食わぬ態度で行う必要がある。

最後に、面接者は、被面接者との会話の表面に出てこない何らかの暗示や仮定に耳を傾け、それらを掘り起こす方法を考えなければならない。重要なデータは、自明な形で会話中に現れることはあまりない。その代わりに、他の言葉や意味の集合体として索引化されている場合に、面接者はその存在を知ることができる。慎重な聞き手は、インタビュー中に出てくるデータだけでなく、このデータが被面接者の心の中で何を指し示しているのか、考えながら聞いていくことが求められる。多くの場合、被面接者が暗示している事柄というのは、面接者の直感として浮かび上がってくることから、こうした方法は形式化するのが最も難しい部類に入る。面接者は、被面接者がxのことを考えているときに、yについても同時に考えているかもしれないと突然気づくのである。

被面接者とのこうしたやり取りのすべてにおいて、面接者はまた、被面接者に対して会話を続けてもらうための十分な時間を与えてあげることを忘れてはならない。もし、テーマと関連したトピックを目の当たりにしたら、被面接者はどこへでも行くことを許される必要がある。インタビュー・データを慎重に分析する前に、被面接者の話している内容がそのトピックといかに関係してくるのかを知ることはできない。ここでの目的は、後の分析に十分なデータが得られるように、こうした重要な用語の周りに十分な言明［被面接者が発した言葉と、研究テーマ周辺のトピックとの関連性を示唆してくれるような、言明］を残してもらうことである。被面接者から発せられる重要な用語と、それを取り巻く言明とのつながりを考え、関連性を見出す作業は、インタビュー中には行えない場合がほとんどだ。

しかも、インタビュー後の分析に必要な情報は、量的にも、質的にも引き出すことが難しい場合がある。面接者と被面接者の双方に有効な技術として、（何も知らない、世間知らずの）お坊ちゃまのようなふりをすること（Becker, 1954）という手法がある。これは、すでに述べた計算されたぼんやり感の変化型にあたる。面接者の立場からすると、こうした方法の価値は、軽率な仮定を防ぐことにある。面接者が大きく飛躍して考えないようにすると、軽率な仮定の道筋を構成する小さなステップを把握しやすくなる。しかも、こうした方法は、被面接者にも一定の有益な効果がある。被面接者は、面接者が世間知らずで、知識がなく、経験も浅いような人に見えても、また、面接者が少し取り入れるのが遅い［会話にあまり付いていけていない］と思われても、熱心に寛大に反応してくれる。（大学教授として活動している質的リサーチャーは、被面接者がこうした面接者の自己特徴化を驚くほどすぐに受け入れてくれることに気づくだろう）。被面接者は、緻密な詳細と説明で面接者を助けに来てくれるのである。被面接者は、詳細な説明を長々と展開したとしても、日常会話とは違って責められることはないという保証のもと、面接者に協力しているのである。筆者自身の場合、被面接者からまるで銀行システムの初歩的な使い方を教えてもらうかのように働きかけ（このシステムは筆者にとって完全な謎であるという極めて正確な根拠に基づいて）、驚くほど有用な（そして奇妙な）データを得てきた。

まとめると、ロングインタビューの第三ステップは、質問票の慎重な作成と、人物紹介的なデータに関する質問、脇道的な質問、フローティング・プロンプトおよび、対比、カテゴリー、奇妙なイベント、自動運転［専ら被面接者に説明を委ねること］といった質問からなる計画的プロンプトの作成から構成される。インタビュー自体は、被面接者の不安を解消するための入念な工夫が施された切り出しの言葉で幕を開ける。その後、脇道的な質問とフローティング・プロンプトや計画的プロンプトが始まり、面接者は重要な用語を特定し、被面接者の脱線を最小限に抑え、最も有効と考えられる質問の方法を選択し、被面接者の言明によって索引化されているが、その中では示されていない言明に耳を傾けることが求められる。このような活動はすべて、被面接者が自分の言葉で自分の物語を語ることができるように、余裕のある時間枠で設定しなければならない。

4　第四ステップ：分析的カテゴリーの発見

質的データの分析は、おそらく質的リサーチ・プロセスの中で最も需要があるものの、最も検討されてこなかった手順である（Miles, 1979: 595; Piore, 1979）。以下の質的データの分析方法は、機械的に処理する方法と、曖昧なまま処理する方法とが、ほぼ同じ割合になっており、リサーチャーが質的データを扱う際に倣うべき、非常に特殊な方法となっている。加えて、質的データの考察へ向けた非常に特殊な戦略をいくつか提案している。しかし、依然として質的データの分析方法はまた、観察と分析の中に潜む、ある種の問題点を特定できないままにしている。リサーチャーがデータから観察、結論、そして学術的な主張に至るまでの道筋を正確に説明することは難しいうえ、完全に説明されるべきではない。異なる問題には、異なる戦略が必要となる。結果として、ほとんどの解決策は一過性のものとなってしまう。

インタビューに臨むにあたっては、いくつかの予備的かつ技術的な配慮が求められる。インタビューはテープ（場合によってはビデオテープ）で記録される必要がある。メモを取ることによって、インタビューを自ら記録しようとする面接者は、不必要で危険な気晴らしに興じているに過ぎない。つまるところ、インタビュー・データを逐語的に記録した文書を作成することが必要となる。この文書はプロの転写者によってテープ・レコーダーを使って作成されなければならない。自らが行ったインタビューをテープ起こしするリサーチャーは、欲求不満がたまるだけでなく、質的データの分析の後半プロセスに役立たないデータに対して、無駄に時間を割くことになってしまう。転写者であるタイピストは、元のテープを抜粋したものや要約したものではなく、本当に一字一句の記録となるように、慎重に指示を出し、見守らなければならない。転写はワード・プロセッサー［現代ではマイクロソフトのMSワードなどに該当］で行われ、インタビューのハードコピー版と電子ファイルの両方が作成されることになる。

分析の目的は、被面接者の全体的なモノの見方や、被面接者特有のトピックを概念化するようなカテゴリー、関係性、および仮定を明らかにすることである。リサーチャーは、文献に書かれてあったことが被面接者の発言中に見つかるはずだという感覚や、問題となっているトピックが被面接者の経験の中でどのように構成されているのかを探る感覚、そしてインタビューそれ自体を通してどのような会話が展開されてきたのかを読み解く感覚を持って、この仕事に臨むことになる。リサーチャーは、インタビュー中に出てくるものを捕捉するための手引きとして、被面接者特有のトピックを概念化するようなカテゴリー、関係性、および仮定をすべて利用する準備をしなければならないが、また、この手引きのどれもが想定していないものを発見するために、この手引きをすべて無視する準備も必要となる。ロングインタビューに内在する発見の力を最大限に活用するためには、リサーチャーは、自らの見方や文献の中で紹介されている見方とは関係のないモノの見方を頭の片隅に置きつつ、体系的に再構築する準備をしておかなければならない。

分析プロセスには五つのステージがあり、各ステージがより高水準な抽象化を目指すものとなっている（**図2**）。第一ステージでは、筆記録中の他のトピックとの関係を無視して、インタビューに記録されたある特定の発言を、そこで放たれた言葉を使って考察する。有用と考えられる各発言を見ていくことで、重要な気づきがもたらされる。第二ステージでは、こうした気づきを取り上げ、第一に、その気づきそのもので、第二に、テープ起こしされた文書中の言明に従って、第三に、分析的カテゴリーのレビューや文化的なカテゴリーのレビューに従って、それらを発展させていく。第三ステージでは、第二ステージで見えてきた気づき間の接点について考察し、分析的カテゴリーのレビューと文化的カテゴリーのレビューに再び立ち返る。第三ステージに入ると、注目していくべき焦点は、筆記録から離れて、重要な気づきの発見自体に移行していく。つまり、観察の比較プロセスから浮かび上がってきたアイディアを確認する際にのみ、筆記録は参照されることになる。第四のステージでは、テーマ間の一貫性や矛盾のパターンを定型化するために、第三ステージで浮かび上がってきた重要な気づきを集合的な形式で、かつ集合的な思考でもって精査していく。第五ステージでは、リサーチ・プロジェクト中のいくつかのインタビューにて現れた、テーマ間の一貫性や矛盾のパターンに注

図2　ロングインタビュー：分析のステージ

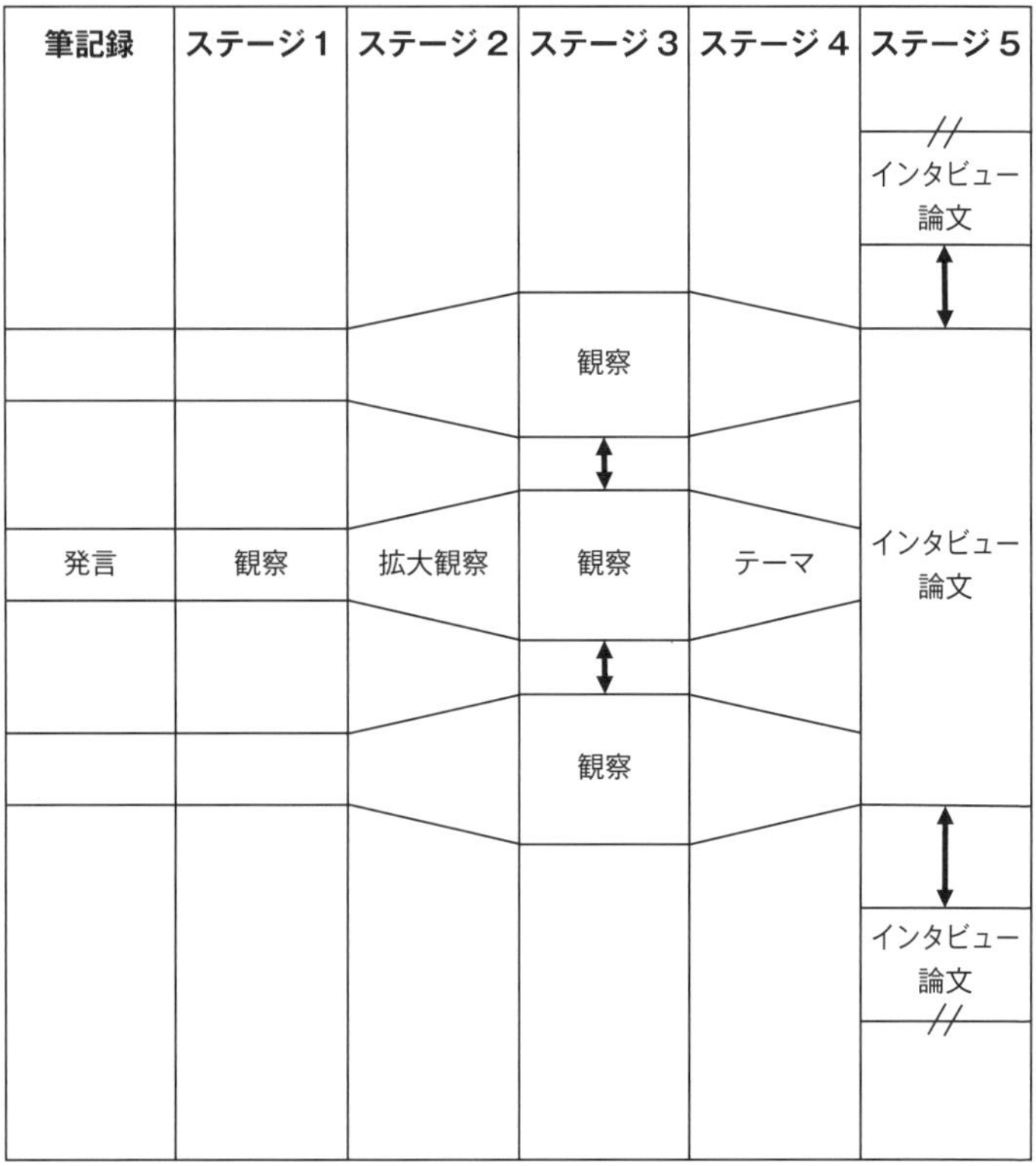

目し、最終的な分析プロセスへと移る。

　この五つのステージを見ると、ステージが上がっていくごとに分析対象が具体的なものから抽象的なものへと昇華していることが分かる。リサーチャーは、筆記録の細部に深く入り込み、各ステージを通過するごとに、より抽象的な観察へと移行していく。分析的な利点はさておき、ここで提示された分析プロセスには、リサーチャーが携わった内省と分析過程の記録を保存しておける、付随的な利点がある。近年こうした記録は、質的リサーチ法によって行われたリサーチの信頼性を担保する際の条件として使用されるようになってきた(Kirk and Miller, 1986 : 51)。詳細は次章を参照されたい。

第一ステージの分析においてリサーチャーは、各発言の大意をほとんど気に留めずに、それらを分析していく。第一ステージで重要なのは、その発言を集中的に考察すること、つまり、その発言の中だけに含まれる意味を考えることである。その発言を広範に考察すること、つまり他の発言との関係を探ることに注意を払うべきではない。第一ステージでは、リサーチャーは考古学者のように、重要な情報が最終的にどのように分析に役立てられるのかに注意を払うことなく、重要な情報を重要でない情報から取り出していく。

第一ステージの分析目的は、その発言を分析の糸口として扱っていけるかどうかを見極めることにある。リサーチャーは往々にしてその発言がなされた背景や信念にまで踏み込もうとしがちである(Geertz, 1976)。ここで求められる戦略はいくつか存在する。まず、第一ステージでは筆記録に対し節度を弁えつつ読み進めていくことである。リサーチャーは、あたかも読み手のような意味構築の行為を止めなければならない。リサーチャーはある種の無愛想な驚きをもって筆記録を辿っていかねばならず、即時的にかつ無意識のうちに思い浮かんだ仮定や理解を取り払うことが求められる。とはいえ一体、どうすればよいのだろうか。例えば、発言中の比喩表現について文字どおりに捉えてみるのは有用な方法である。被面接者がぶっ壊れてしまったことについて語っているとき、この比喩表現そのものを字面どおりに想像してみよう。その人は大酒を飲むことで暴力的に、かつ突発的に壊されてしまったのだろうか? 明らかにそうではないだろう。それでは、社交的な人は、ある意味では大酒をあおることで破壊されてしまうものなのか? おそらくそうだろう。もしそうであるならば、このぶっ壊れてしまうという行為の感覚と意図について、この事例は何を教えてくれるのだろうか? もう一つの戦略は、あえて仮定を思い浮かべてみることである。被面接者がxはyであると言い張るのであれば、被面接者は身の回りの世界を他にどのように捉えているのだろうか? 例えば、飲酒がある種の社会的な慣習や創造物を破壊する行為であるとすると、こうした行為はある種の社会的な慣習や創造物の本質や、それらに対する被面接者との関係について、リサーチャーに何を教えてくれるのだろうか?

こうした問いに答えるべく、リサーチャーは自らを質的リサーチ法の道具として活用しなければならない。リサーチャーは、データ中に含まれているもの、そしてデータ自体が訴えかけてくるものは何かを探るべく、筆記録を非常に注意深く読むことが求められる。インタビュー中のデータと同じくらい慎重に自己に注意を払うことで、リサーチャーは、一連の発言によって喚起される何らかの連想の道筋を閃くことになるだろう。連想をともなうこうした活動は、何かを解き明かすための宝庫となる。何度も何度も、リサーチャーはそこで何が話されたかを理解しようとする。それはその発言がうまくデコーディングされたからではなく、突如として理解できるようになったからである。リサーチャーは小さな声で、「ああ、確かに、それが何を意味しているのか分かる」という。そしてさらには、その言明が触発させた何かは、リサーチャー自身の経験ではなく、むしろあまり馴染みのない内容の意味を模索するのに必要な想像力なのである。この場合、リサーチャーは小さな声で「何と面白いことだろう、それはまるで被面接者自身が語りかけてくるかのようだ」という。注意深くデータを観察したことで、こうした連想行為は、録音されたデータの本質的な意味を解釈するための洞察をリサーチャーに与えてくれるだろう。こうした洞察は、直感ともしばしば呼ばれているのであるが、まったく馴染みのない発言の意味を考えるとき、質的リサーチャーが実際に使える最も強力な分析装置となる（Berreman, 1966: 349）。

この直感はまた、リサーチ・プロセスの最初の二つのステップである、分析的カテゴリーのレビューや、文化的カテゴリーのレビューで浮上してきた内容との照合に使用される。こうした、やや漠然とした作業においてリサーチャーは、学術的な文献や文化的カテゴリーのレビューから得られた結論を、インタビュー・データに記録された各発言を系統的に読み解いていくための雛型として使用している。

リサーチャーがデータ分析を進めるにつれ、問題の核心へと真っ直ぐに伸びている、ある特定の道筋が発現することがある。各言明を見ていく分には構わないのであるが、リサーチャーはこうした道筋を辿ることで、その他の道筋を見過ごしてしまう誘惑に抵抗しなければならない。まだ道筋が練られていない段階で、早急な結論を下していないか、注意しよう！リサーチャーは、後の分析ステージへ向けて、抽象化することを敢えて遅らせる準備が必要だ（Glaser and Strauss, 1965）。

分析の第二ステージの中には、三つの細分化された作業がある。まず、第一ステージで浮かび上がってきた各観察を発展させ続けるという作業である。ここでの目的は、その意味合いと可能性［各観察がどのように解釈されうるかについて、さまざまな可能性を模索すること］がより完全に発揮されるまで、原形［もともと作成していた観察］を超えてその観察を拡張していくことである。次の作業では、観察は筆記録と照らし合わされ、関連づけられることになる。各観察は、筆記録の中に何らかの関係性や類似性が見出せないか探るために使われる、分析のレンズ［視点］のようなものである。最後の作業では、観察は他の観察と照らし合わされ、一つずつ調べられることになる。ここでは、鋭い観察眼をもって、観察と観察との間の論理的な関係性から示唆される、アイデンティティ［その観察の特異性、らしさ］や類似性、反例や矛盾に至るまで、何か発見できないかと鋭く目を光らせ続けなければならない。ただし、リサーチ・プロセスの初期の段階で作成された、こうしたすべての観察は、まだ仕掛品のままにしておこう。

第三ステージでは、各観察は再び、単一の観察として、そしていままでは、他の観察との関係性のうえで形成されていく。この段階に入ると、関心の主な焦点は、筆記録の本体から遠ざかってしまっている。筆記録の参照は、開発途上中の観察が確かなものなのか、あるいは確かなものといえないものなのか、判断を下すために行われる。リサーチの対象となるのは、各観察と、その観察が生成されるもととなった、筆記録の断片である。これまで作成されてきた観察を注意深く検討することで、さらなる観察の一覧が生み出されることになるだろう。この頃には、余分なものが取り除かれ、精錬されていく過程へと入っているはずである。つまり、観察から示唆される関係性のパターンとテーマが可視化されてくるはずである。さらに、当該研究が押さえきれない領域がよりありありと、かつより明確になっていてもおかしくない。リサーチャーは、よりよく整理された、より厳密な文脈のもとに、思考を巡らせているだろう。こうした思考が収束していくにつれ、データは抽象化された形で浮かび上がってくるとともに、インタビューの大筋が明らかになってくる。

第四ステージは、判断の時間である。インタビューの道筋のいくつかは、この時間までにコメントに囲まれるようになり、これらのコメントは、独自のコメントを生成しているだろう。これらのサンゴのように形成されたコメントたちは、リサーチャーが戻り、そこで暗示されている抽象的なテーマを整理する場所となる。豊かに実ることを許可された果実は、これから収穫され、選別されなければならない。この時点でリサーチャーは、抽象化されたポイントがインタビューの他の箇所のどこに、どのように関係しているかについて考えているわけではない。リサーチャーは、抽象的なテーマを引き出し、むき出しにするために、サンゴのように形成された各種コメントの中でのみ、作業を行っているのである。

このようにして、すべてのテーマがいったん識別されたら、それらの相互関係についての決定がなされる必要がある。テーマの中には冗長なものも含まれているだろうし、それらを取り除きつつ、最良の編成のみを残していくべきである。こうして残されたテーマは階層的に整理することができる。一つまたは二つのテーマが、残りのテーマをまとめることのできる主要なポイントとなる。それでも残ったテーマの一覧は、まだ存在しているだろう。これらはリサーチャーが議論を展開していくうえで、非常に重要で貴重なものとなる。主要なテーマのうちのいくつかと、最後に残ったテーマの一覧内のいずれかが矛盾していないか、注意深く観察したうえで、不要と判断されたものは消去されることになるだろう。

続いて、第五ステージで求められることは、プロジェクト中のすべてのインタビューを吟味することで生まれた、第四ステージの結論をレビューすることである。つまり、第五ステージは、各インタビューからテーマを抽出し、これらのテーマが論文としてどのようにまとめられていくべきか、考える時間になる。さらに、このステージではインタビューで発掘されてきた文化的カテゴリーが、分析的カテゴリーへと変換されていく時間でもある。このときまでに、リサーチャーはもはや各被面接者特有の生活についてではなく、研究対象となっているコミュニティやグループ内の思考や行動の全体的な特徴について取り扱うようになっている。加えて、リサーチャーは被面接者が見ている世界について検討しているわけでもない。社会科学の領域に根ざした分析的な視点から、リサーチャーに映る世界について語るようになっている。一般的かつ抽象化された思考体系を完全に有したリサーチャーからの観察は、現在では結論と呼べるものとなっており、学術的な報告に耐えうる準備は整った。

4.1　ステップ四とコンピュータ・テクノロジーの利用

コンピュータ技術を使用して、五つのステージからなるプロセスを機械化する簡単な方法がある。この方法では、リサーチャーは、パーソナル・コンピュータとワープロ・ソフトを使用して筆記録を見ていくことになる。観察によって何らかの発見が浮かび上がってきたとき、リサーチャーはそれを着想の種となった発言の直後にタイピング入力しよう。マイクロソフト・ワードやワード・パーフェクトのような洗練されたワード・プロセシング・プログラムは、リサーチャーがこれらの挿入されたくだりに印を付けることができ、デスクトップの画面、ディスク、または印刷されたファイル上に簡単に保存することができる。こうしてリサーチャーは、手の加えられていない筆記録のテキストと、そのテキストの中にある自分の観察記録の両方に接近することが可能となる。

分析の第一ステージでは、オリジナルの筆記録および一連の観察をリサーチャーの手元に残しておくことになるだろう。第二ステージでは、最初の観察結果の一覧をその場で検討し、そこから得られた閃きをメタ観察として筆記録に挿入しよう。また、第三ステージと第四ステージの準備へ向けて、ワード・プロセッサーの印付けとコピー機能を利用し、すべての観察と、その元となった発言を新しいファイルにコピーしておこう。これは作業効率を上げるための優れた行為である。それは、観察とは無関係な筆記録の各所を検討対象から取り除き、第三ステージの分析に有用となる極めて単純な原稿をリサーチャーに残してくれる。この新しいファイルだけを使って、リサーチャーは新たに観察一覧を生成し、ファイルに記録する。元の筆記録は現在、何らかの気になる点が解消できない場合にのみ参照される（この作業は、同時に二つのファイルへの画面分割アクセスを可能にするワード・プロセシング・プログラムで簡単に行うことができる）。第四ステージでは、まったく新しいファイルを作成して、第三ステージの分析プロセスで浮かび上がってきた最も一般的な発見事項で埋めてしまってもよい。このファイルは、限定されたテーマが扱われてあり、かつ整然とパッケージ化されたものでなければならない。第五ステージでは、第四ステージにおいてインタビューごとに処理されたファイルを統合したファイルを作成することになる。

　ここで、コンピュータは筆記録を検索する手段としても有用であることを付け加えておきたい。コンピュータにすべての発言を検索対象としたうえで、任意の単語（または単語のまとまり）がどの辺りに書かれているか、検索を依頼することができる。例えば、父親、お父さん、おやじ、お父ちゃんあるいはパパといった単語が休日、キャンピング、サマー、休暇、キャンピング・カーあるいはコテージ［小さな家、別荘］といったトピックのどの辺りに出てきているのか、効率的に調べることができる。こうした便利な機能は、筆記録を機械で読み取り可能なファイルへと変換した人にとって、一定の興味深い観察戦略への扉を開いてくれるだろう。全体として筆者は、本書で提案されたオーガニックなアプローチ、つまり筆記録を順々にたどっていく方が好みであるとはいえ、何らかの重要なくだりを見過ごしていないか確認するために、最終確認を目的としてZyindexという、検索ソフトウェア・プログラムを使ってきた[21]。

最後のポイントとして、本書で提案してきたロングインタビューは、データの収集と分析が個別に、かつ順序立てて行われることを前提としている。この方法は、研究対象が比較的狭い範囲に絞られている場合に特に有用となる。しかしながら、研究対象がより一般的なものである場合には、階層化されたインタビューを採用する方が適している場合がある。この場合、リサーチャーは、被面接者を連続したグループに分けてインタビューを行う。最初のグループにインタビューを行った後、研究対象や質問を絞り込むためにデータ分析が行われる。それから次のグループにインタビューを行い、さらなる絞り込みをする。最後にインタビューされるグループに対しては、非常に特殊な事柄について質問してもよい状態になっている。こうしたインタビュー・デザインの戦略は、探索的な目的のために質的リサーチ法が用いられる場合にとりわけ有用である。加えてそれは、データの収集と分析を並行して行ってもよいという、ある種の美徳を表している。データの収集と分析を並行して行うという、参与観察のリサーチ・プロジェクトでは普通に使われているこうした方法は、分析を進めていく際の助けとなり、リサーチャーに継続的な比較のプロセスへと導く機会を与えることになると、Glaser and Strauss (1965) は示唆している。

要約すると、ロングインタビューの最終ステップでは、慎重かつ逐語的に転写された筆記録が手元に用意されていることが求められる。このデータを使って、リサーチャーは分析の五つのステージに着手することになる。第一ステージでリサーチャーは、インタビューの詳細に至るまで十分に把握することができ、第五ステージでは、より一般的な学術的な結論を導き出すことができる。最初のステージから最後のステージへと向かうにつれて、リサーチャーはデータ、観察、先行研究、文化的なカテゴリーのレビューに終始注意を払いながら、データから観察へ、観察からメタ観察へ、さらにはより一般的な観察へと分析を進めていく。各ステージで、リサーチャーは眼前のトピックについて既知であることを利用しながらも、まったく新しい可能性を垣間見ることもある。つまり、インタビュー・データ中に現れた文化的カテゴリーは分析的なカテゴリーとなり、正式で学術的な結論へと変化していくことになる。

第4章　クオリティ・コントロール

リサーチャーはどのようにして自分の質的リサーチの質を担保しているのだろうか。このリサーチの利用者はなぜそれを信頼して扱うのか。これらは、まだ抽象的でかつ不明確な答えしかない質問である。第四章では、質を評価するための戦略の一つを紹介する。

上述の質問を取り巻く課題の多くは、質的リサーチを量的リサーチの基準で判断する傾向に起因している。三つ目の課題で議論したように、質的リサーチと量的リサーチの区別を明確にしておくことが重要である。質的リサーチでは、カテゴリーがリサーチ・プロセス上で形成されていくのに対し、量的リサーチでは最初から固定されている。質的リサーチでは、リサーチャーは自らの方法を用いて複雑さを捉え、多くのカテゴリーの間にある相互関係のパターンを探り出す。対照的に量的リサーチでは、リサーチャーは限られたカテゴリーの間に潜む関係を厳密に検証する。質的リサーチは、回答者が容易かつ明確に表現することが困難な内容を引き出すように設計されている。量的リサーチは、それと異なり、より具体的で回答しやすい質問を尋ねようとするものである。質的リサーチでは、リサーチャーはリサーチの道具である。量的リサーチでは、リサーチャーは細かく調整された方法論的な機械の一部を冷静に回す操作員に例えられよう。最後に、正統派の質的リサーチでは、リサーチャーを研究対象となっている文化の舞台裏へと誘う機会を提供し、質的リサーチを通してしか見えない仮定やカテゴリーを垣間見させてくれる。質的リサーチは、分布や一般化の問題を扱うことを意図していない。それは、人々が何を考え、何をしているかを教えてくれるのであって、そのうちの何人が何を考え、何をしているかを教えてくれるのではない。

質的リサーチと量的リサーチの間にはこうした根本的で、極端な、そして明白な違いがあるにもかかわらず、多くの社会科学系リサーチャーは時折自分を見失い、質的リサーチに量的リサーチの標準的な考え方を当てはめようとする。これは誤った習性ではあるものの、まったく驚くべき習性というわけではない。質的リサーチに本来ならば備わっておくべき、質の統制が十分に練られていないからである。これは、質的リサーチが秩序立てて行われていない大きな理由の一つである。Evans-Pritchard（1961, p. 26）から閃きを受けた筆者からの提案は、保守的な道のりを歩み、最も長期にわたって、最も優れた質的リサーチ法の作法を有するリサーチ・コミュニティと同盟を組むことである。つまり、人文科学領域に目を向け、そこで展開されているデータの解釈手法や、質の統制に関する標準的な方法を採用していこう。

　人文科学領域のすべての作法は、文献解釈へ向けられる取り組みや、文献の吟味といった中で長きにわたって試行錯誤が繰り返されてきた。そこには、理論的な基盤は行ったり来たりしつつも、何が良くて何が悪い説明なのか評価するための、系統的とはいえないが、論理的な土台がある。実際に、新たな視点ないしパラダイム〔論点〕が、以前依拠していたそれと比べてデータの解釈上、より理にかなった説明をもたらすとき、理論的な基盤は揺らいでしまうのである。

　この危うげな作法は実証主義者の耳には奇妙に聞こえるだろう。それは議論がいかに分かりやすく、包括的で、優雅なものか、問うているのである。特に、データが複雑であったり、矛盾していたり、不明瞭であったりする場合には、しなやかに、巧妙に、ずるがしこくといった言葉が用いられる。

　実証主義者は、明らかに厳密性を欠く、人文科学領域で見られる上記の標準的な考え方を嘲笑う傾向にある。しかしながら実証主義者は、この立場が、歴史、哲学、英文学、美術史、さらには古典学の分野における並外れた業績に対して、真っ向から批判するに等しいことに気づいていない。これらの分野はどれも、よいリサーチ方法と悪いリサーチ方法がきちんと峻別されていることに注目してみよう。実際に、こうしたすべての分野では、よいリサーチ方法と悪いリサーチ方法が羨ましいほどに、細やかに区別されている。

　残念なことに、人文科学領域の標準的なリサーチ方法の概要を説明するのに頼りになる資料は一つも見当たらない。したがって、筆者はその概要を自ら書き下ろすことにした。皮肉なことに、科学的な理論を評価するためにBunge（1961）が考案した方法が最も参考になる枠組みであることに気がついた。Bunge（1961）の方法では、理論の評価というよりも（質的データの）説明の評価に適うものとなっており、量的リサーチ法よりも質的リサーチ法に適している。以上をまとめると、質的データの説明には次のような条件、バンジ風に呼べば真実の徴候を備えていることが求められる。

　第一の条件：質的データの説明は不必要な曖昧さが存在しないよう、正確でなければならない。

　第二の条件：質的データの説明は経済的でなければならない。そうすれば、仮定を最小限に抑えられ、かつデータがまだ説明できる状態となる。

第三の条件：質的データの説明は、どれ一つ取っても議論が矛盾しないよう、相互に一貫していなければならない。

第四の条件：質的データの説明は、主題についてリサーチャー側が独自に知っていることに準拠するよう、外部的に一貫していなければならない。

第五の条件：主張が一般的な議論の中に収まるよう、可能な場合はそれをまとめたり、必要に応じてそれを分けたりして、質的データの説明は一つに統合される必要がある。

第六の条件：正確性を犠牲にすることなく、可能な限り多くのデータが説明できるように、その説明はパワフルでなければならない。

第七の条件：新しいアイディアや、洞察の機会が得られるよう、質的データの説明は厚みがなければならない。(22)

上記の指標は、いかなる正式な［学術的な］説明を評価する際にも不可欠であり、特に自然科学領域で見られるような追試や再現性の確認といった機会が、現実的に意味をなさない質的リサーチには重要なものとなる。第一の条件で挙げた正確性は、説明の意図するところに関して読者がもっともな疑いを向けてこないよう、可能な限り正確に記述されていることが求められる。不正確さは単に説明の妨げとなるだけではない。他の条件が満たされているかどうか、読者が判断できなくなってしまうという、望まない副作用も生じさせる。

次に、第二の条件の経済的であるとは、不必要な仮定を強制するような説明を行わないこと、つまり優雅に説明することを意味している。優雅でない説明は、構造的に冗長なものであり、必要以上に多くの議論を巻き起こしてしまう。建築に例えると、経済的でない説明とは（議論の）建て方の悪い説明のことである。

第三の条件、相互整合性は、説明を構成する主張が相互に干渉していないことを要求する。主張の中には、特異な文脈の下地と化すものがあるため、リサーチャーは既存の主張と一致させることができない限り、または一致させることができるまで、新しい主張を導入できない。こうした質の確認を経ずに論述が進められる場合もあるが、結果として相互整合性が見当たらないとの批判に晒されてしまうだろう。分析の後半ステージに差し掛かると、第三の条件は新しいアイディアや洞察が既存のそれと一致しているかどうか、またどのように一致しているのかといった疑問をリサーチャーに問いかけるようになり、新しいアイディアや洞察に対応するには説明の全体的な構造がどのように変化すべきか、見守るよう求めてくる。

第四の条件である外部整合性は厄介なものである。第四の条件で問われているのは、ある説明が元来そのトピックについて知っていることすべてと一致しているかを確かめることではない。こうした強い条件は、あらゆる種類の知的な革新を易々と取り除いてしまうだろう。求められているのは、リサーチャー側のより注意深い観察であり、その説明が社会科学的な研究作法の重要な原則におおむね従っていることなのである。たしかに、「この説明は文化的、社会的現象について私が考えていることと一致しているか」を問うことは大切だろう。しかしながら、ここでも注意が必要である。Kuhn (1962) が述べているように、先行する論理に従わないデータこそが、(異なる解釈がなされた場合に) 重要な理論的進歩の希望をもたらしてくれるからである。たしかに外部整合性は重要な条件ではあるが、慎重に検討されなければならない。

第五の条件である単一性とは、その説明が単なる主張の連なりとしてではなく、組織化されかつ相互に関連性のあるアイディアの一覧となっている必要性を意味する。注意深く観察すると、主張の中には、他の主張の単なる一例に過ぎないものもあり、そこに括られるべき主張も散見される。さらに、ある主張は、その他の主張と矛盾した関係で現れることもある。こうした事例では、矛盾した関係で現れた主張の一つを説明するか、特に矛盾していない主張と分けて説明する必要があり、知的で美しい論述に求められる課題である。第二の条件を満たすことで説明にしっかりとした下地を備えたのち、第五の条件を満たすことができれば、明確でバランスのとれた、つまり調和の保たれた論述が展開されていくだろう。

　続いて、第六の条件であるパワーとは、過度に細部を捨象《しゃしょう》することがないよう配慮しつつも、可能な限り多くの参与観察的なデータを扱えるような説明を模索することである。こうした説明を考える際は、「これらのデータをより包括的に、とはいえあまり複雑にならないよう説明する方法はないのか」と自問してみよう。説明力とは、より少ない量でより多くのことを説明する能力のことである。

　第七の条件である豊饒《ほうじょう》性は、特定のリサーチ・プロジェクトにおける説明が、この狭い文脈の外で価値を持っているかどうかを測る尺度のことである。ここで問われているのは、「この説明は、私が世界［被面接者のモノの見方］をより明確に見るのに役立つか」、「私に世界を考察するための分析の視点を与えてくれているか」である。ある人物に特有な言説の特徴だけでなく、そこに潜む一般的な言説の性質をも捉えることが、質的リサーチのあらゆる局面で求められている。このことは、豊饒さを説明の良さで判断する重要な論拠にしている。

　真実の徴候と表現した第七の条件は、質的リサーチの質を評価する方法の一つである。各条件は、その説明が真実であることを求めているわけでも、ある特定の理論的な視点を採用することを求めているわけでもない。各条件は単に、質的リサーチ法における知的で専門性の高い考え方とは何か、示しているに過ぎないのである。第七の条件は確かさを求める質的リサーチャーの願いを完全に満たしてくれるものではないかもしれない。しかしながら、例えるならばヒツジとヤマヒツジを見分けられる程度の、非常に長い修練の指針くらいにはなるだろうし、現時点では上記の条件で十分に質の統制に適うものだ。

第5章　書き上げのプロセス

質的リサーチの結果を書き上げることは容易ではない。ロングインタビューで求められる洞察や明快さの威力を遺憾なく発揮するために、リサーチャーは被面接者に詳細で多様な言明を多く語ってもらえるよう働きかけている。しなしながら、こうして集められた言明は、三〇ページから四〇ページという限られた範囲の中に、論文として取捨選択され、収められねばならない、複雑なデータの集合体となっている[23]。

良いニュースは、論文を作成する作業のほとんどが、すでに完了していることである。インタビューの最終ステップでテーマを特定し、整理し、相互に関連づけたことで、執筆のコアとなる部分は抽出された状態にある。残された作業の大半は、これらの観察や洞察を一つの牧草地［ここでは論文を指している］[24]に移植するという骨の折れる作業である。

書き上げには二つの重要なケースがあることを認識しておこう。まず、研究対象となる限定的なトピックが第三者によって選択され、リサーチャーに割り当てられるケースである。これは政府機関、民間企業、または大学の指導教官からトピックが与えられる場合に見られる。もう一つは、リサーチャーが何らか特定の目的を有するわけではないが、自らの好奇心や外部の代理業者に促されて一般的なトピックを研究するケースに見られる。こうした二つのまったく異なるリサーチ・プロジェクトは、それぞれまったく異なる戦略をもって書き上げる必要がある。追って順番に説明しよう。

1　割り当てられたトピックの書き上げ

書き上げの最初の目的は、〔論文の〕序論を組み立てることである。割り当てられたトピックに取り組む質的リサーチャーにとって、序論を書くことはさほど難しくはない。例えば、割り当てられたトピックが、ひとり親の時間管理パターンを調べること、そして米国連邦政府のデイケア・ポリシーに対して、こうしたパターンはどのように反映される可能性があるかについて、質的なリサーチを依頼されたと仮定しよう。〔論文を書き上げるにあたり〕第一章の序論に書かれる内容は、この依頼によって自ずと定まってくる。以下はこうした内容をもとに書かれた、典型的な［論文における］序論の段落例である。

> ひとり親がどのように自らの一日を段取りするかは、社会科学や政策立案に携わる者にとって、関心を集めるテーマである。本論文は、こうした注目度の高いトピックの質的なリサーチ結果を論じたものである。第二章では、このトピックに関する先行研究をレビューする。第三章では、ひとり親が日々の生活をどのように捉え、過ごしているのかについて、参与観察的な接近で検討する。第四章では、ひとり親の時間管理の目的と、時間管理の代替戦略の有無について、客観的に考察する。最後に第五章では、観察から得られた政策的な含意について議論する。より具体的には、連邦政府のデイケア・ポリシーにどのように適用できそうか、議論することになる。

［書き上げる論文において］序論の次は、文献レビューである。それは、長い質的なインタビューの最初のステップにおいて行われた、レビューに立ち返る時間のことであ

る。あなたの研究テーマや研究命題は、先人たちが用いた問題の捉え方に倣うものであり、先行研究で示された発見や結論を確認するものだろうか。もしそうであれば、文献レビューでは、先行研究を上手に要約し、本リサーチがどのようにして、それを確認ないし拡張させたり、洗練させたりするのに役立つのか、示すことが求められる。あなたの研究テーマや研究命題は、既存の文献で検討されてこなかった領域に踏み込むものだろうか。もしそうであれば、文献レビューでは、先行研究の要約に加えて、先行研究が看過してきたトピックや論点を示したうえで、それらをどのように本論文で扱っていくのかを示す必要がある。あなたの研究テーマや研究命題は、先行研究からの知見や論点と矛盾していないだろうか。もし矛盾していれば、文献レビューにて先行研究の要約に加え、得られたデータがいかなる形で先行研究と異なる論点や結論の集合を支持しているのか、示すことになる。文献レビューは、こうした三つの書き方のいずれか、ないしすべてを組み合わせたものとなる可能性があるが、そのうち一つだけが選択されなければならない。

　時間管理リサーチに関するレビューを進めた結果、先行研究では（一）時間単位は揃っていて、人々に均等に割り当てられた時間を可能な限り有効に使おうとする、合理的な意思決定者としてのひとり親が扱われていること、（二）ひとり親と、その子供との関係には何らかの不安要素が介在していること、（三）ひとり親と、その子供との間に生じるやり取り過程のパターンについては、あまりリサーチが進められていないこと、の三つが明らかになったと仮定しよう。この場合、文献レビューは上記の各論点に注意を払いながら書き進められることになる。

［書き上げる］論文の第三章では、質的リサーチは被面接者の心中や日常生活へと読者を誘え得るという、方法論的な前提の下、参与観察的な記述が盛り込まれていく。この章では、ひとり親の考え方や関心を上手に反映した発言を引用することで、まるで旅行ガイドに導かれるかのように、読者が導かれていく。ここでは、仮のインタビューから抜粋された、示唆に富み、かつ有用な引用の一例を紹介しよう。

朝は私たちにとって最も重要な時間になります。私は生き生きとしているし、ジェニー［あるひとり親の娘］も生き生きとしています。私たち二人は本当にスイッチが入ったように元気です。ジェニーは私が朝食を作るのを手伝ってくれますし、それから一緒に座って食事をしながら雑談をします。例えば、昨日はどんなことがあって、今日はどんな予定になっていて、といった類の内容がやり取りされます。こうして一日が始まり、それから各々の日課へと向かうことになります。つまり、私たち二人は物理的にも、精神的にも分かれてしまうわけです。仕事が終わってジェニーを迎えに行く頃には、お互い疲れていて、イライラもしているし、抜け殻のようになっています。少なくとも私はいつもそうですし、ジェニーもそんな感じのときがあります。

こうした引用は、必ずしも厳密な分析的枠組みにかけられる必要があるわけではない。［書き上げる論文の］第三章では、何らかの一般化に言及さえできれば十分だといえる。発言の引用は、単純かつ記述的なコピーによって紹介されることが多い（例えば、「ひとり親は、家庭外に広がる大きな世界から課された困難について、熱く話をした」など）。それに、学術的な分析はまだ始まっていないことを覚えておこう。単にインタビュー内容が読者に紹介されたに過ぎないからである。

それでは、あなたの観察や結論を学術的な方法論に則って記述していく、［論文の］第四章へと移ることにしよう。あなたは文献レビューや序論へと立ち戻って、リサーチからの発見を提示する最良の方法を決定したいところだろう。上述の例の場合、三つの節を設け、各節に小見出しを擁することが適切かもしれない。以下では、［書き上げる論文イメージを描きやすいように、例として］第四章の第一節を4.1と表記し、以下同様に節を設けることで、具体的な構成を示していく。

4.1　ひとり親の家庭にとっての時間という概念、そして活動のパターン

［書き上げる論文の］本節では、文献レビューで議論されてきたトピックを振り返ることになる。先行研究においてひとり親は、時間を均一的な資源と見なす個人として扱われてきた。そして、ひとり親にとって一日の全時間帯が等しく重要なわけではないことが、リサーチ・プロジェクトのデータから示唆されていた。結果として、ひとり親が一日の時間をやり繰りしていく過程に制約が生じていた。あるひとり親にとっては、一日の中でカギとなる時間は朝であり、家族にとって重要なしきたりやコミュニケーションが行われる時間となる。他方で、あるひとり親にとっては、一日の中でカギとなる時間は夕方であり、家族にとって重要なしきたりが行われたりする。他にも、昼食がコミュニケーションの重要な時間を担う場合もある。リサーチャーは、こうした瞬間の

コミュニケーションの重要性を観察したいと望むかもしれないし、あるいは、こうした瞬間が一日の特定の時間とどのように、そしてなぜこれほど緊密に結合されているのか観察したいと望むかもしれない。こうした議論はインタビュー・データの参与観察的な特殊性に根ざしていなければならない。とはいえ一方で、学術的な視点から家族の時間管理パターンを考察し、一般化への道筋を模索していくことが求められる。

4.2　ひとり親と、その子どもとの関係

［書き上げる論文の］本節では、最も重要な先行研究を振り返ることになる。このリサーチを通して、ひとり親とその子どもとの関係性は、不安で満ち溢れていることに気づかされるだろう。というのも、ひとり親は、一日の相当な時間を自宅から離れて過ごさなければならない子どもの発達を心配しているからである。カギとなる先行研究を振り返ることは、こうした不安の本質を詳細に探ることにつながる。さらに、データに目を通すことで、こうした不安が、学術的にどのように捉えられるものなのか、複数の視点を示す機会にもなる。た

とえ、先行研究と同様の結果が得られたとしても、リサーチャーはデータから読み取れる用語や関係を整理し、探索し、洗練させることで、先行研究に対して重要な貢献を行うことは可能である。

4.3　家族のしきたりとひとり親の家庭

［書き上げる論文の］本節では、ひとり親の家庭の時間は、ある種の家族のしきたり（例えば、特別番組を一緒に視聴する、一緒に食事をする、寝かしつけのしきたり、ランチの時間）によって構成されていることを、先行研究が看過していることに注意を払いたい。こうすることで、上記のしきたりの存在が示され、学術的な視点から見た、それらの特徴が明確に記述でき、結果的にひとり親の家庭における親子関係の本質をつかむ議論のベースが得られる機会となる。

［書き上げる］論文の最終章にあたる第五章では、リサーチ結果がどのように公共政策の立案に最適なかたちで応用できそうか、考えていくことになる。ここでは、ひとり

親にとって時間管理というものが、何となく行われているわけではなく、親子のコミュニケーションにとって、一日のある特定の時間が特別な意味を持っていることを知ることになるだろう。さらに、子どもの送り迎えの時間を早めたり、遅くしたりするには、柔軟な段取りも推奨されるかもしれない。こうした柔軟な段取りを見ていくことで、ひとり親に特有な不安への対処や、親子間のコミュニケーションの主要なパターンの理解が深まることになる。加えて、段取りのパターンに潜む、大きな含意やコスト、困難についても探らなければならない。

以上を要約すると、論文を書き上げるプロセスにはいくつかの明確なステージがあることが分かる。それは、序論、文献レビュー、参与観察的な描写、学術的な議論、そして政策的な含意である。こうしたプロセスは飛行機の離着陸に似たところがある。序論は、リサーチの全体像が把握できる程度の高さから俯瞰的に書かれることになる。文献レビューは、空港エリアの様子が分かる程度の高さ、つまり眼下に広がる風景の様子がうかがえるほどの高さで行われることになる。参与観察的な描写は着陸のようなものである。やや離れた視点から着地点を見定め、参与観察的なデータ上に車輪がおろされる。とはいえ、旅は着陸によって終わりを告げるわけではない。滑走路の上空にわずかにとどまったあと、再び離陸することになるからだ。学術的な議論へ向けて、高度を上げていくことで、眼下に広がる重要かつ、本質的な要素が再び可視化されていくだろう。政策に関する議論は、そこで交わされる論点が全体像と関連づけられながら検討されるよう、上空にて行われる。このように、抽象性の水準を調節しながら、完璧な着陸と離陸を達成することが、執筆プロセスの本当の課題なのである。

2　オープン・トピックの書き上げ

［書き上げる論文において］より探索的なリサーチ・プロジェクトの序論を書くことは、それほど簡単なことではない。その論文が何を達成すべきか、導いてくれる指示などなく、［論文の］著者は自らの言葉で序論を書き進めなければならない。あなたがすべきこととは、質的なロングインタビューの第四ステップで浮き彫りになったテーマと命題をかき集め、第一ステップに立ち返ることである。あなたの発見したことと、先行研究で発見されていることは一致しているだろうか？　それらに何か違いはあるのか？　こうした質問への答えが、序論の材料となる。

ここで、次のような質的リサーチについて考えてみることにしよう。十代の若者たちはファースト・フードをどのように捉えているのか。ファースト・フードは十代の若者たちの想起するところの栄養と健康という概念にどのように組み込まれているのか。さらに、ファースト・フードはどのように十代の若者たちの食事や社会生活のパターンにはめ込まれているのか。こうしたリサーチを論文として書き上げるために、私たちは第四ステップへと戻り、分析の最後のステージで浮き彫りとなったテーマや命題をかき集めてみよう。

集められたテーマや命題を念頭に置きつつ、第一ステップへと戻って、私たちの発見したことが十代の若者たちとファースト・フードに関する先行研究と一致していたか、あるいは一致していなかったか確かめてみることにしたい。先行研究では、十代の若者たちがファースト・フード店を好む理由を正しく予測していたようで、決定的な理由が完全に見落とされていた。つまり、十代の若者たちにとってファースト・フード消費とは、栄養を摂ることではなく、社交の場に行くことだったと仮定してみよう。私たちの（仮定にもとづく）リサーチでは、十代の若者たちが地元のファースト・フード店に向かう理由は、友人に会うためであったり、うわさ話を拾いにいったり、そこにいる人々の様子を観察したりすることであって、食事は二次的で、偶発的な理由に過ぎないと記されている。ファースト・フード店は、こうした十代の若者たちにとっての社交場になっているのである。［書き上げる論文において］上記の内容を踏まえた出だしの段落は次のようなものになるだろう。

ファースト・フード店と北米の十代の若者たちの食習慣との関係は、社会科学領域の研究助成対象として、注目を集めるテーマとなっている。こうした研究助成の成果物からは、十代の若者たちがファースト・フード店の常連客になっているいくつかの理由が読み取れる。それは、ファースト・フードがいままでは家庭で準備されなくなった食事を代替してくれていること、ファースト・フード店に行くことで、十代の若者たちは家庭からの自立を図ろうとしていること、社交や運動、勉強に十分な時間を費やせる新たな居場所となっていること、などの理由が示されている。私たちのリサーチは、こうした発見のすべてを再び検討するべく準備されるものとはいえ、先行研究で見過ごされてきた要因を加えたいとも考えている。例えば、十代の若者たちが何らかの社会的な理由によってファースト・フード店を重視していること、ファースト・フード店が十代の若者たちの社会生活にとって主要な場所となっていること、などの要因である。こうした議論は次の三つの章によって展開されていく。関連する先行研究のレビュー、社交の場としてのファースト・フード店の参与観察的な考察、そしてファースト・フード店に存在する社交パターンの学術的なレビュー、の三つの章である。

上記の三つの章は、割り当てられたトピックについて［論文として］書き上げる場合の一例である。レビューの章では、本論文と関連した先行研究の結論のうち、いくつかを上手に取り上げ、先行研究が一つの重要な要因を見過ごしている点が指摘されることになる。

［書き上げる論文において］参与観察的な描写を扱う章では、読者をファースト・フード店へと誘い、ファースト・フード店で出会った十代の若者たちの様子が、まるでその場で見聞きできるかのように記述する。なぜ十代の若者たちはファースト・フード店に来るのか？十代の若者たちはどのくらいの間、そこにいるのか？彼（女）らはファースト・フード店のどの辺りに座っているのか？誰と一緒に座っているのか？何を話しているのか？何を食べているのか？なぜコミュニティ・センターやコイン・ランドリ

ー、脂っこいスプーン［主として揚げ物などを扱う、うす汚くて大衆的なレストラン］がファースト・フード店と同様の役割を果たさないのか？ 大人になるプロセスのどのポイントで、ファースト・フード店を社交場として利用することを止めてしまうのか、そしてそれはなぜなのか？ リサーチャーはこうした問いに対して、被面接者が放った言葉で解釈しようと工面せねばならない。読者の中には、文中のデータから何らかの結論を垣間見る人もいるかもしれないが、いまのところ、ありのままの描写をつらつらと読まされているに過ぎない。

［書き上げる論文の］最後の章では、ファースト・フード店が十代の若者たちの社会生活の中心的な居場所としてどのような機能を担っているのか、体系的かつ学術的に検討していくことになる。ここで議論されるべきことは、ファースト・フード店でどのようなタイプの、あるいはパターンの社交的な活動が行われているのか、丁寧に紐解いていくことである。いったい何がファースト・フード店をこうした居場所に適うものにしているのか？ こうした社交的な活動のパターンは、どのような形でファースト・フードという、通常の食事と異なる形態の食生活を推奨したり、しなかったりするのだろうか？ リサーチャーは、できるだけ経済的かつ優雅なやり方で、可能な限り多くの個別事例を挙げながら、上記の質問に答えていこうと心がけるべきである。

以上をまとめると、［書き上げる論文において］割り当てられたトピックの書き上げ、およびオープン・トピックの書き上げという、二つの執筆形式は、リサーチャーが参与観察的な分析結果を提示するための数ある方法のうち、二つの方法を示しているに過ぎない。とはいえ、ここに挙げられた以外の方法が模索され、開発されていくなかで、心に留めておくべき二つの重要な目的を記しておきたい。その一つは、群れに例えられるような目的である。十分に豊富なデータが、参与観察的な描写のまとまりの中で、［書き上げる論文の］著者や読者が迷子になることなく、読者に語りかけることができるようにする、という目的である。もう一方は、上陸に例えられるような目的である。論文を書き上げるプロセスを飛行機の離着陸になぞらえた前述の説明を振り返ってみよう。つまり、参与観察的な描写を冗長なものとすることなく、とはいえ鮮やかに展開しつつも、こうしたデータを抽象化したり、理論的な考察を加えたりしながら示すという目的である。

第6章　質的リサーチをマネジメントすること

ある種の質的リサーチ法の伝統においては、一人の個人がリサーチ・プロジェクトを設計し、データの収集から分析、出版に至るまで、すべての作業を自ら行うことが期待されている。一人でリサーチ・フィールドへと向かう人類学者は、往々にしてこうした古典的なワンマン・バンド「役割分担があるはずの、バンドという形態にあって、一人ですべてのパートをこなしてしまうようなバンドマンに、伝統的な人類学者の姿を例えている」の能力を備えて活動することになる。

しかしながら、社会科学領域のリサーチでは、より複雑な分業体制が敷かれていることが多い。あるリサーチを着想した個人が、実際にはそのリサーチに何ら参加していない場合もあるくらいである。リサーチ・マネジャーは、そのリサーチ・プロジェクトに参加してくれる人々に対して、個別の指示を出し、分担を進めていく役割を担うことになる。また、チームを構成する個人はそれぞれ多様な背景を有する場合もある。社会科学系のリサーチャーからなるチームの場合もあれば、何らかの専門家や大学院生を研究分担者として統括している、一人の社会科学系のリサーチャーである場合もある。こうしたさまざまな形態のチームをマネジメントするには、それぞれに適したマネジメントの方法を考える必要がある。

1　コミッションド・リサーチ

まず、ある質的リサーチに対して遠隔からマネジメントに関わる個人について考えてみることにしよう。こうした人は大規模なオムニバス・プロジェクトのリサーチ・マネジャー（すなわち、プロジェクト・ディレクター）を担う場合もあれば、単体でかつ目的を持って組織化された一過性のリサーチを委託される場合もある。こうしたマネジャーは、以下の四つの重要な課題に取り組むことになる。

一つ目の課題は、リサーチ・プロジェクトを概念化することである。リサーチ・マネジャーは、自らの質的リサーチに取り組む動機に正当な理由があることを確信していなければならない。というのも、マネジャーが質的リサーチ法を用いる理由が、量的リサーチ法に無知だったり、質的リサーチ法が量的リサーチ法の低級な代替法だと見なしているからだったり、あるいは質的リサーチをもとに、安易に量的な結論を出そうと画策していたりする場合が散見されるためである。筆者がこれまで主張してきたように、質的データおよび、そこから導き出された結論というのは、決して量的なそれの代替品として利用されないように留意されたい。また、質的データを適切に収集することは、ほぼ例外なく量的データを収集することよりも、費用や時間を要するのも事実である。さらに、収集された質的データというのは、ほとんどいつもメシエ、つまり何らかの特定の対象に焦点が当てられた、データの量としては少ないものになる。

経験則として、リサーチ・マネジャーは量的リサーチ法を、デフォルトの方法として扱うべきである。ここで問われているのは、「私は量的リサーチ法を使って研究の問いに答えることができるだろうか、あるいは、このリサーチ・プロジェクトの性質上、私は質的リサーチ法を使用することが求められているだろうか」といった質問である。さらに、実用性の観点からいえば、まず量的リサーチ法を念頭に置くべきだといえる。より単刀直入にいえば、あなたが量的リサーチ法を扱えない限り、質的リサーチ法を扱ってはならないのである。

リサーチ・マネジャーが質的リサーチ法の採用を決断するのは、眼前の課題が、個人がその周囲にある世界をどのように捉えているのか、あるいはどのように構築しているのか、といったものを扱う場合である。例えばその課題が、人々が娯楽や教育の資源として、博物館をどのように捉えているのかといった類だとすると、質的リサーチ法のみが適切な方法として選択されることになる。しかしながら、単に博物館の入場料の推移を追うといった課題であれば、質的リサーチ法を採用する必要などない。

　ここで直面する困難の本質とは、リサーチ・マネジャーが知らないことを知ることはできないという事実である。別の言い方をすれば、リサーチ・マネジャーは自らが自明として何気なく使っている言葉や概念を使わざるを得ないのだ。被面接者もまた、リサーチ・マネジャーが使っている言葉や概念をそのまま使っているようで、じつはリサーチ・マネジャーと異なり、こうした言葉や概念に独特な意味合いを持たせていることも多い。こうした使い方の違いは、リサーチ・マネジャーには決して察しえないものであり、気づかれないことが大半である。ここで、量的な観点から食習慣における飴玉の役割を委託された、リサーチ・マネジャーの例を取り上げてみよう。誰もが驚くだろうが、このリサーチは被面接者のいうところの飴玉について、何ら検討を加えていなかった。その後のリサーチでは、被面接者たちは飴玉が何ら栄養的な価値を有しないという誤った前提のもと、そもそも食品として飴玉を認識していないことが明らかになった。

それから、リサーチ・マネジャーに質的リサーチャーをプロジェクトに加える必要などないと確信させることは、容易ではない。インタビュー・プロセスの最初のステージと二番目のステージは、被面接者と距離を置き、こちら側の仮定とは何かを明らかにするのに適したステージである。被面接者が面接者と同じ言葉や概念を共有できているかどうかを確認するために、プロジェクトの初期の段階で導入のインタビューやフォーカス・グループを行うリサーチ・マネジャーもいる。そのあと、リサーチ・マネジャーはプロジェクトの最後に、念押しのインタビューを行うことで、こちら側の推論やプランに問題がないか、確認することになるだろう。

とはいえ多くの場合、とりわけリサーチ・マネジャーが際立って豊富なリサーチ経験を有する場合は、このような導入のインタビューや念押しのインタビューは不要となるだろう（この場合、質的リサーチ法に慣れ親しんでいるかが問われているのであり、単にそのリサーチ領域に対して長らく蓄積してきた知見が問われているわけではない。こうした知見は、まだ検討されていない仮定にとって、むしろ都合のよい隠れ蓑の一つとなってしまう）。こうした知見よりも大切なのは、文献レビューや文化的カテゴリーのレビューに十分な時間を割くことである。リサーチ・マネジャーは、被面接者たちの捉える世界と、自らの世界が異なっているという事実を認識する準備ができており、こうした違いを示唆するような手がかり情報に警戒できている限り、インタビュー・プロセスの最初のステージと二番目のステージにおいて認識の違いを確かめるリサーチをする必要はない。

続いて二つ目の課題は、コミッションド・リサーチ［委託調査］を調達し、監督することである。社内にリサーチ資源を備えていないリサーチ・マネジャーは、大学のリサーチ・グループや民間のリサーチ会社との契約を結ばなければならない。質的リサーチ法の領域では、あまり好ましくない訓練を受けて、質的リサーチを実践している人や、こうした不適切な訓練を受けたことにより、十分な観察力が備わらないまま、経歴を重ねてきた人などが極めて多く存在している（筆者はこれまで民間企業や大学に委託された質的リサーチに対し、途方もない規模の費用が投下されてきたのをみてきたが、その多くは質的リサーチ法の基本が押さえられておらず、提示された結果は無益なものであったり、危険なほどの誤解を招いたりするようなものばかりであった）。したがって、リサーチ・マネジャーは、質的リサーチを依頼者からの助言や、委託先の選定をあまり慎重に行うことなく、第三者機関に委託すべきではない。誤解しないでほしいのは、そもそも優れたリサーチャーなど見つからないと言っているのではなく、リサーチ・マネジャーに対して依頼者からの助言や見守りが求められているということである。ぜひ心に留めておいてほしい。

さて、質的リサーチの委託先が決まったら、リサーチ・マネジャーが折に触れ、録音されたインタビュー・テープを聴いたり、筆記録を読んだり、分析が徐々に抽象化されているかどうか確認したりすることは、まったく問題のない依頼なのだと認識しておこう。そして、こうした行為はリサーチ・マネジャーによって自発的に行われるべきものである。委託先の中には、依頼者側との面会を、リサーチ・プロセスの随所で定期的に行っていない業者もあるからだ。あまりにも多くの場合、依頼者はワイン片手に食事をすることに気を取られている一方で「依頼したリサーチは、委託先に一任して構わず、リサーチ・マネジャーはリサーチの経過を静観していればよい、という認識があることの比喩表現」、テーブルの反対側では、低品質なリサーチに多額のお金が注ぎ込まれているのである。ここでの目的は、本書の本文で指摘されてきたポイントに留意し、質的データの収集と分析が第三章および第四章で指定された条件を満たしているかどうか確認することである。

三つ目の課題は、リサーチの委託先から受け取ったデータの質と有用性を判断することである。リサーチ・マネジャーは、インタビュー筆記録からの逐語的な引用を交えた分析結果や、その後の分析ステージから浮かび上がってきた結果などを、委託先から入手する権利がある。委託先が行った、分析プロセス上の試行錯誤や手続きは、何らかの形で紙の痕跡として残っているはずであり、リサーチ・マネジャーは、こうした文書を紐解いていく権利がある。Kirk and Miller（1986）が指摘しているように、こうした文書は、質的リサーチの信頼性を保証する、最も確実な証拠となる。有用性を判断する最も単純な指標は、そのリサーチ結果を通して被面接者の見方で被面接者らの世界を眺めることができ、あなたの眼前の問題の本質について、より学術的な観点から考察できるかどうかを確認することである。

　最後に四つ目の課題は、より大きなプロジェクトへとリサーチ結果を統合することである。実際にリサーチ・マネジャーは、個々に行われた質的リサーチと量的リサーチの結果を統合するように依頼されることがままある。ときには、こうした質と量の統合がうまく機能することもあるだろう。質的データは量的リサーチの結果の背後にある事象を読み解くことに役立つだろうし、量的データは質的リサーチの結果がカバーしている範囲とデータの分布を示すことができるだろう。しかしながら、こうした質的データと量的データの接点は漠然と不確実なものとなっていることが多い。この問題を解決する方法は明白で、量的データと質的データがいかなる形で併用できるかを理解したうえで、リサーチ・プロジェクトを始めることである。ここでいうところの統合とは、以下のような順序立てられたリサーチ法のことであるかもしれない。最初の質的リサーチにおいて、カテゴリーの作成および量的リサーチ用の質問一覧の作成が行われ、次の量的リサーチにおいては、カテゴリーとカテゴリーの関係性を明らかにすることに主眼が置かれる。続いて、質的リサーチによって、こうした関係性がなぜ成り立つのかを探り、最後に量的リサーチによって、一連の関係性を統合的に把握する。その他のケースでは、質と量の二つの方法を並行して実施することで、トライアンギュレートする［「多様なデータ収集の方法や手続きの組み合わせを行うことでリサーチの妥当性を高める」手法のことを、トライアンギュレーションという（川島、二〇一九）］だけで十分であろう（Jick, 1979）。このように、さまざまな方法を混ぜ合わせたり、組み合わせたり、編成したりする能力は、リサーチ・マネジャーの強みであり、その存在の正当性を示すものである。したがって、こうした能力はリサーチ・マネジャーがリサーチ・プロセスに及ぼす影響の中でも最も付加価値の高い能力だと思われる。

　最後のポイントとしてリサーチ・マネジャーは、次のような長く続いている問題に対処しなければならない。それは、リサーチ・マネジャーは密猟者［質的データを恣意的に抽出する人のこと］から自分のデータを守るために、頻繁にその様子を監視しなければならないという問題である。質的データは量的データと同様、どのように解釈されるかに非常に敏感だ。同じデータ一つとっても、複数の解釈を行えてしまう。どの組織にも、質的データの断片を拾い上げ、それを使って自分の主張をすることに長けている人がいる。こうした人からリサーチ・プロジェクトの質を担保することは簡単ではない。リサーチ・マネジャーだけが、こうした危険からプロジェクトを守ることができる。リサーチ・プロジェクトに対して、より密接に関わり、より注意深くデータを分析すれば、こうした危険をより防げるようになったり、結果として密猟に来る者たちをより容易に当惑させたりすることができるだろう。

2　アドミニスタード・リサーチ

本節では、リサーチャーと大学院生のチームで研究室の主宰者（以下、ＰＩ：Principal Investigator）を務める社会科学者を想定し、話を進めることにする。リサーチャーがＰＩである場合、自らインタビューをしたり、データを分析したり、論文を書き上げたりすることは完全にはできないかもしれない。こうした各リサーチ・プロセスの責任を、ＰＩ傘下のチームに委任することは、一定の予防措置を講じていれば可能である。

こうした予防措置としては、まず訓練が挙げられる。データの収集に従事しようとするリサーチャーは、質的リサーチ法の講義に加えて、丸一週間の訓練期間が設けられるべきである。こうしたリサーチャーは、ロングインタビュー・プロセスを一とおり学ぶ機会が与えられるべきであり、訓練の進捗状況について監視され、かつ報告の場が設けられるべきだ。

リサーチ・プロジェクトにおいて、分析の一部を担う予定の学生は、より広範で詳細な訓練が必要となる。最低でも、質的方法の基礎について学べる課程を修了し、それから丸二週間の訓練を受けることが求められる。また、こうした学生は質的リサーチの適性を有しているかどうか、選考を経て割り当てられた方がよい。ＰＩが選考を行う場合は、数ページほどの質的データを学生に渡し、それに対する一般的な質問項目を手元に用意しておくことで、その適性を判断するなど、ひと手間かけてでも選考してみるだけの価値がある。

アドミニスタード・インタビュー［組織化されたリサーチ・チームによるインタビュー］は、いくつかの変更が加えられたのち、従来どおりのロングインタビュー・プロセスと同様の四つのステップによって行われる。最初のステップでは、学術的な文献をレビューすることになるが、アドミニスタード・リサーチ［ＰＩによって組織化されたチームによるリサーチ］の場合は、リサーチ・アドミニストレータ［ここではＰＩのこと］は文献の収集やレビューを傘下のリサーチャーに任せることになる。第二のステップである、文化的カテゴリーのレビューもまた、リサーチ・チームに任せることもできる。しかしながら、ＰＩはリサーチ・チームと一緒に文化的カテゴリーのレビューに熱心に取り組むべきである。それからＰＩは、リサーチ・トピックと関連性の高い、文化的カテゴリーや仮定、パターンをあらためてレビューすることになる。最初のステップと次のステップの結果を受けて、ＰＩは第三章で述べた条件に合致するように、質問票の作成を注意深く見守らなければならない。質問票の作成はＰＩ傘下のリサーチャーに一任することはできないのである。

リサーチ・プロセスの中で最も顕著な変化が生じるのは、三つ目のステップである。一つの質問票を作成して、それにもとづき多くのインタビューを行う代わりに、ＰＩはデータの収集と分析が段階的に行われるように、いくつかの経路を用意しておくことを望むこともある。最初の経路では、リサーチャーたちは質問票を携えていくつかのインタビューを行ったのち、重要なくだりを文書化し、キーワードを特定し、学術的な分析に求められるデータとして整理する。こうしたデータはＰＩによってレビューされ、新たな質問項目の一覧が準備されたのち、より詳細な質問を行ったり、前回とは異なる角度での質問を投げかけたりするために、ＰＩはリサーチャーたちをフィールドへと送り出そうとすることもあるかもしれない。上記のリサーチ・プロセスは主要な課題が明らかとなり、分析を徹底的に行うのに十分なデータが揃ったとPIが納得できるまで続くだろう。

四つ目のステップはまた、前段落で述べた、最初の経路を任されたリサーチャーたちに委任することができる。リサーチャーたちはカテゴリーや仮定と、それが発生するときのインタビューにおける文脈を明らかにすることに従事する。それから、これらの情報はPIに報告されることになり、インタビュー目的がより明確に整理されたのち、PIはリサーチャーたちに分析プロセスへと戻るよう依頼することになるかもしれない。

こうしたアドミニスタード・リサーチによるロングインタビューの利点は、アドミニストレータがリサーチ・プロセスの各要所に介入し、ロングインタビューの標準的な方式と目的が達成されていることを確認できるということである。結果的としてアドミニストレータは、リサーチ・プロセスの本質的な部分から自らを遠ざけることなく、多くの時間と注意を要する、リサーチ・プロセスを設計し、管理しなければならないという責任から解放される。

リサーチ・マネジャーはまた、質的リサーチにチーム・アプローチを適用したいと考えるかもしれない。リサーチャーのグループは、ロングインタビュー・プロセスの四つのステップの各々を集団的に行うことができる。こうしたチーム・アプローチは、二つ目のステップで特に有益なものとなるだろう。リサーチ・チームのメンバーは、ブレーン・ストーミング［複数人で自由にアイディア出しをする行為］の場を設けることで、リサーチ・トピックの背後にある、文化的な論理を覆い隠している既成概念を打破すべく、お互いにアイディアを出し合おうとする。しかしながら、グループ・セッションを始める前に、グループ・コミュニケーションの合意効果を避けるために、各メンバーに個別の文化的レビューの機会を与えることが重要である。というのも、こうしたグループ・コミュニケーションの合意効果は、一人の個人による長時間にわたった慎重な内省を台無しにするからである。各メンバーに文化的レビューの機会を与えるこのプロセスは、リサーチ・トピックをより俯瞰的に捉えたり、洗練させたりするのに役立つばかりでなく、そのトピックに対する知見を研ぎ澄まし、最終的にリサーチャーとデータとの距離を最大化してくれるだろう。

　ロングインタビューの二つ目のステップと同様に、その三つ目のステップも集団的に行うことができる。インタビュー自体は、一人の面接者と二人から三人の追加的なリサーチャーで実施することができる。インタビューは録音されるべきであり、そのデータはリサーチャーがインタビューの現場にいるかのように作業のできる、防音の場所にて聴くことができるようにされていたい（フォーカス・グループでみられるようなやり方で）。リサーチャーたちの役割は、重要なワードや仮定が出現するたびに、それらを見極め、分析することである。三人のリサーチャーのうち、二人は重要なくだりを見極め、それが録音データ上に現れた場所を記録し、どのようなことが発話されたかを要約し、書き留めておくことが求められる。これらの二人のリサーチャーは、一人が重要なくだりを記録している間に、もう一人が新しいくだりを聴くことができるよう、二人で同時に作業する必要がある。残りのリサーチャーは、インタビューの全体像やその連続性およびテーマを読み解くべく、より一般的な視点からテープを聴くことになる。インタビューが終了したら、面接者とリサーチャーたちは話し合いの場を設けることにしよう。その際は、重要なくだりを見極め、書き写せるよう、お互いのメモを参照しなければならない。

分析は第三章で説明してきた流れに沿って、段階的に進めるようにしたい。リサーチのオープニング・ステージ「「ロングインタビューの四つのステップ」」の第一ステップと第二ステップ」では、チーム・メンバーは個々人で作業を進めていくことが推奨される。チーム・メンバーは、それぞれが行った文献レビューと文化的カテゴリーのレビューをいま一度ふり返り、主要な用語と仮定を明らかにするプロセスに着手することになる。

こうして浮かび上がった用語と仮定は、コメントとして整理され、整理されたコメントは各メンバー独自のノートとしてまとめられる。この作業を経て、チーム・メンバーはそれぞれが書き留めたノートを見比べるために参集することになる。エキスパート・インタビューのデルフィ・プロセスが示されたページを参考に説明するとすれば（Linstone and Turoff, 1975）、グループとしての審議を始める前に、それぞれのチーム・メンバーに対して各自の結論を書き出してもらうことは、価値のある依頼である。グループでの審議が完了したら、その結論は個々のメンバーによって省察されるよう促そう。この方法は、グループ・コミュニケーションの合意効果が、検討されるべき解釈の可能性を潰してしまうことを防ぐのに役立ち、結果的として、グループがその選択肢について意識的かつ慎重に採用の可否の決定を下すことにつながる。

以上をまとめると、ロングインタビューの四つのステップは、コミッションド・リサーチ、あるいはアドミニスタード・リサーチのいずれかの形式に則ることができる。これらの双方において、リサーチ法は、リサーチャーのチームを編成したり、チームに指示を出したりする一人の個人によってマネジメントされることになる。当然のことながら、潜在的な問題がここにある。ロングインタビューの四つのステップをマネジメントする役割は、インタビュー・プロセスや、被面接者の発言に含まれる、細かな参与観察的な詳細からリサーチャーを疎遠にするかもしれないためだ。しかしながら、リサーチ・マネジャーはインタビュー・プロセスから決して疎遠になっているわけではなく、ただ単に被面接者が見たり、関わったりした、ありのままの世界を追体験できないのに過ぎないのだ。こうした方法論的な隔離状態を防ぐには、そうならないよう注意するより他ない。

第7章　結論

ロングインタビューには、多くの特別な美徳が備わっている。それは、被面接者が世界をどのように捉え、どのように過ごしてきたかを速やかに把握するのに有効な手段となるうえ、面接者も被面接者も時間や私生活の面で特段の犠牲を払うこともない。

しかしながら、ロングインタビューの四つのステップはまた、現代の北米で行われている質的なリサーチ法の実践が直面している、いくつかの付加的な課題を考慮に入れて設計されている。それは、他の社会科学的なリサーチ法や、質的リサーチのその他の方法を参考に設計されているのである。ロングインタビューの四つのステップは、質的リサーチの理論とその実践との間の結びつきをより強固にし、これまで培われてきた、さまざまな質的リサーチの実践方法間の協力関係をより良くすることが期待されている。四つのステップからなるこの方法はまた、リサーチャーたちが各々の文化的な背景を活用して、より良い質問を考案し、より巧みに聴き取りをし、より繊細な感性でデータを分析することができるよう、設計されている。加えて、ロングインタビューの四つのステップは、リサーチャーたちが各々の文化的な背景から離れて、客観的に考察する技能を鈍らせないよう、支援するものでもある。続いて、こうしたロングインタビューは、リサーチャーに質的なデータを収集し、処理するやり方を具体的に提示していることから、豊富なデータを集められたり、データを適切なプロセスで処理できたりすることが可能となるだろう。つまり、リサーチャーを何ら特徴の見られないデータの海に漂流させることなく、量的データのように数理的な形式に単純化されたデータにはない、質的データならではの豊富さを上手に捉えられるよう、それはデザインされている。最後に、本書が提示したロングインタビューは、リサーチャーと被面接者とが互いに尊重し合い、インタビューを進めていけるような関係を築けられるよう配慮されたものである。

　ロングインタビューの四つのステップの主たる目的は、リサーチャーが現代の北米で行われている質的なリサーチ法が直面する、困難や制約に対して、参与観察的な目的を達成するのを補助することである。この四つのステップからなるリサーチ法が、こうした困難な制約を克服するのに役立ち、Barton and Lazarsfeld（1955）が三〇年ほど前に考案した質的リサーチ法の発展に貢献することを願うばかりだが、それはいま始まったばかりである。

に構築されているかについて、独自の非常に奇妙な考えを有していることが分かるだろう。

質的リサーチ法の大きな利点は、リサーチャーがこうした奇妙な考え方を耳にし、その予想外で独特な要素を余すところなく補足する機会が与えられることである。その目的は、被面接者にこうした制度を説明してもらうことであり、制度を構成するパーツ、制度が機能するプロセス、制度の目的はそもそも何なのか、制度は実際にどのように機能しているのか、制度が個人や社会のために何をサポートしてくれるのか、語ってもらうことである。

上記に挙げた質問の答えは未知の領域にある。リサーチを通して耳にするトピックのうち、いくつかは過去の文献がまったく存在しないかもしれない。ゆえに、非常に重要なリサーチでもある。リサーチの対象となっている制度が、人々からどのように捉えられているのか、さらに、人々からどのように誤解されているのかを理解するのに、大変有用である。

政治制度
医師
郵便局
上院
最高裁判所
欧州連合
家族
建国の父
社会保険制度
国際連合
大学
第二次世界大戦
朝鮮戦争

リサーチの目的と戦略

ここでの目的は人々が上記の制度を実際にどのように捉えているのかを見極めることである。第二次世界大戦とは何だったのか、上院はどのように機能しているのか、建国の父は誰で、どのようなことを成し遂げた人なのかなどについて、人々が１つの共通認識を有していると仮定することは容易である。実際には、こうした理解が一致していると思い込むことは容易であるため、共通認識というものが本当に存在するのかどうか、確認することはほとんどない。社会科学者が路上の人に確認してみることはあまりないが、その結果はときに驚くべきものである。多くの場合、人々は世界がどのよう

リサーチの目的と戦略

ここでの目的は、あなたが上記に挙げた人々の一人ひとりについて、どのような人物なのか頭に入っているかどうか、その人物と同じように世界を見ることができるかどうかを自問することである。その人物の世界を構成している重要なカテゴリーは何か、各カテゴリーはどのように結びついているのか、どのような仮定のもとに生活しているのか、こうした点について、あなたは把握できているだろうか。議論を進めるための有用な方法の１つは、２つの対照的なグループを設定し、比較することである。例えば、大学がどのように捉えられているかについて、大学の管理職と新入生とを比較してみてはどうだろうか。他には、公選弁護士と私選弁護士の世界観を比較するなど、諸々考えられるだろう。

制度：

広告
芸術の世界
銀行システム
ハリウッド
保険制度
立法プロセス
科学的な学術コミュニティ
博物館
自然

条件：

高齢者であること
中流階級の上位層であること
貧乏くさいこと
ペット・オーナーであること
ハンディキャップがあること
アーティストであること
レスリングのファンであること
大学の管理職に就いていること
公選弁護士であること
ゲイであること
プレッピー［名門私立学校の学生風］であること
ジョック［スポーツマン風］であること
ひとり親であること
文盲であること
コメディアンであること
裕福であること
フェミニストであること
保守的であること
大学の新入生であること
カクテル・ウェイトレスであること
大学の上級生であること

か、クリスマスの行事やプレゼント交換に参加することで、家族の各構成員はどのように自らを定義し、互いに仲を深めているのか、そして参加を重ねることで短期的に、そして長期的にどのような結果がもたらされるのか、クリスマス・シーズンに特有の家族活動とは何か、もしその活動が (1) サッカーを観戦すること、(2) 田舎に散歩に出かけること、(3) 映画を観に行くこと、などであった場合、それらは家族の特質にどのような違いをもたらすだろうか、クリスマスになると、男性が家の周囲にいる時間が通常よりも長くなることがあるが、彼らはどのように過ごしているのか、子どもたちはクリスマスを通して家族や社会について何を学ぶのか、女性はクリスマスの準備をしたり、クリスマス期間中の家族生活を見守ったりするうえで、どのような特別な役割を果たしているのか。

こうした質問の多くは直接尋ねることができないことを、ここで指摘しておく必要がある。こうした質問は、他の質問をして、その回答をつなぎ合わせることによってしか、収集することはできないからである。またクリスマスについての社会科学的な文献が驚くほど少ないため、質的リサーチを目的としてこのトピックを選択する人は、比較的に未知の領域を探索するという満足感と、困難さに直面することも指摘しておきたい。

つまらない説明を超えて、そこに埋もれている社会的、文化的な現実性をあぶり出すことである。例えば、外出し、人々によってクリスマスがどのように捉えられているのかについて、コメントを収集するといったことは十分に実行可能だろう。被面接者は、お決まりの返答を面接者にしても構わないと考えている。例えば、クリスマスは宗教的な行事を祝うための期間で、家族と一緒に過ごすものであり、贈り物を交換し、１年を振り返るイベントですと答えられても不思議ではない。しかしながら、こうした回答はクリスマスについて何ら新しい見方をもたらすものではなく、質的リサーチにかかる時間、難易度、費用を正当化してくれるものではない。

とはいえ、慎重なリサーチャーは、被面接者からの質問や、体系的な情報収集スキルを介して、はるかに多くの示唆を得ることができる。リサーチャーが行うべきことは、次に挙げたいくつかの質問を被面接者に投げかけてみることである。クリスマスを彩る活動は何か、諸活動はいつから始まるのか、誰がそれを引き受けるのか、性別はここでどのような役割を果たすのか、クリスマスの装飾は、家庭の雰囲気にどのような影響を及ぼすのか、人々はどのようにしてお互いに何を買うかを決めるのか、良い贈り物と悪い贈り物の結果にはどのような違いがあるのか、家族はどのようにして一緒に過ごす時間を計画するのか、「ヘンリーおじいちゃんと、ルバードおじいちゃんが今年も仲違いしない」ようにするために、周囲の人々はどのような外交的準備をするのか、クリスマス・シーズンに家族交流のかたちがどのように変化するの

理想の休日を計画する
新製品を開発する
スモール・ビジネスを経営する
マーケティング・キャンペーンを立案する
マクドナルドで食事する

リサーチの目的と戦略

上記に掲げたカテゴリーのトピックをリサーチする際の目的は、諸活動のありふれた見方の下に潜ることであり、個人がその活動を実際にどのように捉え、経験するのかを見ることである。

こうした目的を遂行するための情報収集を体系的に行っていく1つの方法は、ドラマティックな記述によって、イベント、活動、そしてプロセスについて考えていくことである。あなたは、重要な役割が何であるのかを見定めなければならないし、誰がこうした役割を演じているのか、各役割はどのようにうまく演じられているのか、進行を見守っている人は誰なのか、現在はどの段階にあるのか、諸活動はどのように組織化され、段取りされているのか、聴衆は誰なのか、活動に批判的な見方をしているのは誰なのか、活動がうまくいっているとき、当事者と聴衆は何を達成できるのか、対照的に、活動がうまくいかないとき、何が具体的にうまくいかないのか、どのようにすればそれらを良い方向へ導けるのか、といったことを見ていく必要がある。

繰り返しになるが、上記の目的は出来事に関する形式的で

質的リサーチ法を習う学生に有益なトピックを提案する

トピックの例

筆者は、イベント、活動とプロセス、条件、制度という見出しのもと、いくつか可能性のあるトピックを一覧にした。見出しとして示した各カテゴリーでは、それぞれわずかに異なるリサーチの目的や戦略が求められる。詳細は見出しと一緒に簡単に示すこととする。

イベント、活動およびプロセス

家を購入する
テレビを観賞する
夕食を作る
特別な状況に備えて身支度を整える
クリスマス
老人ホームへの帰属パターン
ソープ・オペラを鑑賞する
雑誌を読む
自動車を購入する
庭いじり
理想の家を計画する
犬と散歩する

執筆
1時間のインタビューに対し5時間×24時間のインタビュー・データで120時間
プロジェクト・マネジメント
プロジェクトの全日数の半分（60日）×1日に4時間の所要時間で、240時間
合計：736時間

録、各種機器、筆記録等を格納するのに十分な空間があること。**注意事項**：匿名性の担保は、ロックされた収納が用意されているかにかかっている。

メンテナンスの特徴：予算には各種機器のメンテナンス費用が含まれていることが望ましい（目安としては、各種機器の購入費用の10％程度）。

**

予算例（被面接者八名のリサーチ・プロジェクトの場合）

インタビュー日程の調整

被面接者１人につき、１時間×８名で８時間

トレーニング

１人の面接者につき40時間

１人のアナリストにつき80時間

インタビュー

１人あたり３時間×８名で24時間

移動時間

被面接者１人につき、１時間×８名で８時間

テープ起こし

１時間のインタビューに対し４時間×24時間のインタビュー・データで96時間

分析

１時間のインタビューに対し５時間×24時間のインタビュー・データで120時間

ワード・プロセッサー［マイクロソフト社のワードなど］。**数量**：テープ起こし担当者分と、インタビュー筆記録の分析者分で２つ、(2) 高機能な索引・検索プログラム［訳注：現在、これらはワード・プロセッサーに備わっていることが多い］、**数量**：インタビュー筆記録の分析者用に１つ。**注意事項**：ソフトウェアの格上げにかかる費用の予算化も考慮しよう。

ハードウェアの特徴：(1) **パーソナル・コンピュータの特徴**：高速チップ搭載、ソフトウェアを実行するのに十分なメモリ、十分に解像度の高い画面。**数量**：テープ起こし担当者分と、インタビュー筆記録の分析者分で２つ。**注意事項**：ここではボトルネックに留意されたい。テープ起こしや、インタビュー筆記録の分析には長い期間を要することから、普段使いのパーソナル・コンピュータではなく、リサーチ・プロジェクト専用のマシンを用意することが望ましい。(2) **ハードディスクの特徴**：高速アクセス時間、テープお越しされたすべてのデータを保存するのに十分なメモリ。**数量**：インタビュー筆記録の分析者用に１つ。**注意事項**：プロジェクト専用のハードディスクを用意することが望ましい。

フロッピー・ディスクの特徴：コンピュータで適切に使用可能なもの［現在、フロッピー・ディスクはあまり使われていないが、リサーチャー自身が使いやすい記録メディアであれば問題ないだろう］。**数量**：データが転送され、保存されるのに十分な数を用意する。

ファイリング・キャビネットの特徴：ロック可能で、テープやバックアップ・ディスク、印刷されたインタビュー筆記

予算項目と計算

質的リサーチ・プロジェクトを計画している、あるいは研究助成の申請を予定している質的リサーチャーは、以下に示す予算の考慮事項を参考にするとよい。

リサーチに求められる機器

テープ・レコーダーの特徴：高品質のカセット［高品質な記録メディア］、セパレート・マイク（内蔵されていない）、外部電源（電池ではない）、テープを使い果たしたことを知らせる音声信号、電源オンを示すライト、信頼性の高いテープ・カウンター［音声記録の状況が画面上に正確に表示される］、長い延長コード。**数量**：面接者ごとに１つ。**注意事項**：テープ・レコーダーが正確に動作しているか、定期的に確認すること（テープ・レコーダーはしばしば正確に動作しなくなり、テープが読み取れなくなる場合がある）。そして、バックアップ分のテープ・レコーダーを用意すること。

テープの特徴：高品質のカセットで、片面30分を超えないこと［高品質の記録メディアであれば、現在は問題ない］。**注意事項**：テープ・カセットとテープ・カセット容器に統一されたラベリング・システムを適用し、日付、時間、面接者の名前、被面接者の名前、通し番号を示すこと。

使用されるソフトウェアが有するべき特徴：(1) 高機能な

れ、リサーチ・チームのメンバーのみが利用することができます。

本インタビューからの抜粋は、最終的なリサーチ・レポートの一部となることがありますが、いかなる場合でも、あなたの名前や識別可能な特徴がこのレポートに含まれることはありません。

この倫理規定をあなたが読んだことを示すために、以下の空欄に署名していただけると助かります。

________________________（あなたのサイン）

________________________（あなたの氏名）

________________________（本日の日付）

本リサーチ・プロジェクトの結果が記載されたレポートを送って欲しいですか。「はい」か「いいえ」のいずれかに○をつけてください。

はい／いいえ

上記のレポートを希望される方は、その送付先を以下の空欄に書いてください。

____

（面接者：サイン入りのコピーを保管し、被面接者にはサインなしのコピーを渡してください）

標準的な倫理規定

（インタビュー開始前に、面接者は読んでおくこと。本用紙のコピーを２枚用意し、１枚を被面接者に渡し、残りの１枚は被面接者にサインしてもらったのち、面接者が保管しておくこと）

こんにちは。私の名前は＿＿＿＿で、＿＿＿＿＿＿というプロジェクトのリサーチャー／リサーチ・アシスタントです。本プロジェクトは＿＿＿＿大学の＿＿＿＿研究科の後援を得ています。

私（＿＿＿教授）は本プロジェクトの研究室の主宰者（PI）であり、あなたが何か質問をしたい場合は、以下の電話番号に連絡してください。

まずは、本リサーチ・プロジェクトに参加を意思表明していただきありがとうございます。あなたには大変感謝をしております。インタビューを始める前に、このプロジェクトの参加者として、いくつかの明確な権利をあなたが有していることをここに示しますので、安心してください。

第一に、本インタビューへの参加は完全に任意です。

あなたはいつでも、質問への回答を拒否することができます。

あなたはまた、いつでもインタビューを辞退することができます。

本インタビューで得られた内容は、匿名かつ厳密に保管さ

父親の職業：________　義父の職業：________

被面接者の教育水準
最終学歴：
専攻分野：
被面接者の職業：
被面接者の婚姻状況と婚姻歴：
結婚した年：____
離婚した年：____
再婚した年：____
再婚した年：____
被面接者の子息：
ファースト・ネーム：______年齢：__性別：__現居住地____
ファースト・ネーム：______年齢：__性別：__現居住地____
ファースト・ネーム：______年齢：__性別：__現居住地____
ファースト・ネーム：______年齢：__性別：__現居住地____
ファースト・ネーム：______年齢：__性別：__現居住地____

被面接者の信仰：
信仰の度合い：敬虔　中程度　活動的でない　無関心
祈りの頻度：毎日　週１回　月１回　年に数回　１年に１回　数年に１回

ファースト・ネーム＿＿＿＿　年齢＿＿　現居住地＿＿＿＿
ファースト・ネーム＿＿＿＿　年齢＿＿　現居住地＿＿＿＿
ファースト・ネーム＿＿＿＿　年齢＿＿　現居住地＿＿＿＿
ファースト・ネーム＿＿＿＿　年齢＿＿　現居住地＿＿＿＿

姉妹

ファースト・ネーム＿＿＿＿　年齢＿＿　現居住地＿＿＿＿
ファースト・ネーム＿＿＿＿　年齢＿＿　現居住地＿＿＿＿
ファースト・ネーム＿＿＿＿　年齢＿＿　現居住地＿＿＿＿
ファースト・ネーム＿＿＿＿　年齢＿＿　現居住地＿＿＿＿

両親：

母親の年齢＿＿　亡くなった年齢／当時のあなたの年齢＿＿／＿＿
父親の年齢＿＿　亡くなった年齢／当時のあなたの年齢＿＿／＿＿

婚姻状況：離婚時の年齢／当時のあなたの年齢　＿＿／＿＿
母親が再婚したときのあなたの年齢　＿＿
父親が再婚したときのあなたの年齢　＿＿
母親と同居していたときのあなたの年齢　＿＿～＿＿
父親と同居していたときのあなたの年齢　＿＿～＿＿

その他の事項：

母親の出生地：＿＿＿＿　義母の出生地：＿＿＿＿
父親の出生地：＿＿＿＿　義父の出生地：＿＿＿＿
母親のエスニシティ：＿＿＿　義母のエスニシティ：＿＿＿
父親のエスニシティ：＿＿＿　義父のエスニシティ：＿＿＿
母親の職業：＿＿＿＿　義母の職業：＿＿＿＿

付録 A

質的リサーチ・プロジェクトへ向けた基礎的な質問項目一覧

**

今日の日付：
場所：
時間：
面接者の氏名：
**
被面接者の氏名：
性別：
誕生日：
年齢：
出生地：

居住地の変遷（いつまで／都道府県・市区町村）：
＿＿＿＿＿＿／＿＿＿＿＿＿
＿＿＿＿＿＿／＿＿＿＿＿＿
＿＿＿＿＿＿／＿＿＿＿＿＿
＿＿＿＿＿＿／＿＿＿＿＿＿
特記事項：
第何子か：
兄弟：

巻末註

1——社会学における、こうした伝統を上手に扱った例として、以下の文献が挙げられる。Banks（1957）, Becker（1954, 1956, 1958）, Becker and Geer（1957, 1958）, Benney and Hughes（1956）, Cannell and Axelrod（1956）, Caplow（1956）, Gorden（1956）, Merton et al.（1956）, Merton and Kendall（1946）, Schwartz and Schwartz（1955）, Strauss and Schatzman（1955）, Trow（1957）, Vidich（1955）, Vidich and Shapiro（1955）, Von Hoffman and Cassidy（1956）, Wax（1952）, Wax and Shapiro（1956）, Whyte（1955, 1957, 1960）.

2——最近の社会学関連の文献で参考になるのは、Emerson（1983）, Howe（1985）, Lofland（1976）, Lofland and Lofland（1984）, O' Neill（1985）, Psathas（1973）, Reinharz（1979）, Schwartz and Jacobs（1979）, Shaffir et al.（1980）, Silverman（1985）, Truzzi（1974）などが挙げられる。

3——これらを扱った心理学の文献としては、以下が挙げられる。Gergen and Gergen（1986）, Ginsburg（1979）, Giorgi（1970, 1985）, Harre and Secord（1972）, Kruger（1979）, Reasons and Rowan（1981）, Willems and Rausch（1969）.

4——こうした発展に寄与した人類学の文献としては、以下を参考にされたい。Agar（1980, 1983a, 1983b）, Clifford and Marcus（1986）, Ellen（1984）, Epstein（1967）, Foster et al.（1979）, Freilich（1970）, Hammersley and Atkinson（1983）, Lawless et al.（1983）, McDermott et al.（1978）, Messerschmidt（1981）, Rabinow（1977）, Rabinow and Sullivan（1979）, Salamone（1977）, Spradley（1979）, Srinivas et al.（1979）, Werner and Schoepfle（1987）, and Whittaker（1985）.

5——行政学分野への貢献者としては、以下を紹介したい。Cook and Reichardt（1979）, Goetz and LeCompte（1984）, Borman et al.（1986）, Lincoln and Guba（1985）, Miles（1979）, Miles and Huberman（1984）, Morgan（1983）, Morgan and Smircich（1980）, Patton（1980）, Rist（1977）, Van Maanen（1982, 1983）, Van Maanen et al.（1982）, and Wilson（1977）.

6——フォーカス・グループに関する文献については、以下を参照のこと。ARF（1985）, Bartos（1986）, Bellenger et al.（1976）, Calder（1977）, Fern（1982）, Goldman（1962）, Higginbotham and Cox（1979）, とりわけ Moran（1986）, Overholser（1986）, Sampson（1972a）, Snell（1987）, and Wells（1986）.

7——消費者行動研究における新しい方法については、以下の文献で議論されている。Barnett（1985）, Belk（1986, 1987）, Berent（1966）, Durgee（1986a, 1986b）, Hirschman（1985）, Hirschman and Holbrook（1986）, Holbrook（1987a, 1987b）, May（1978）, Sherry（1987）, and Wallendorf（1987）.

8——社会言語学分野における、さらなる議論については、以下を参照のこと。Albert and Kessler（1978）, Bauman and Sherzer（1974）, Briggs（1986）, Churchill（1973）, Goffman（1976）, Gumperz and Hymes（1972）, Sacks et al.（1974）, Schegloff and Sacks（1973）, Schiffrin（1977）.

9——量的リサーチ法対質的リサーチ法に関する文献は、以下で取り上げられている。Anderson（1986）, Borman et al.（1986）, Brown and Sime（1982）, Bryman（1984）, Cronbach（1975）, Deshpande（1983）, Harre（1981）, Morgan and Smircich（1980）, Ratcliffe（1983）, and Smith and Heshusius（1986）.

10——ほとんどの場合、男性の服でこのバランスを取るための最良の方法は、セーター、スポーツジャケット、ネクタイのアンサンブルであり、プロのカウンセラーによって広く採用されている。なお、女性の同僚は、フルプリーツ・スカート、喉元の開いたソフトなブラウス、またはテイラー・メイドのブラウス、かかとの低い靴、といったスーツの出で立ちで、控えめなメイクとジュエリーをアクセントとした装いでも、同様の効果が得られるとのことである。

11——参与観察の方法については、以下も参考になる。Agar（1983a, 1986）, Becker（1956, 1958）, Becker and Geer（1957）, Bogdan and Taylor（1975）, Ellen（1984）, Foster et al.（1979）, Halle（1984）, Hammersley and Atkinson（1983）, Kluckhohn（1940）, Lerner（1956）, McCall and Simon（1969）, Miller（1952）, Olesen and Whittaker（1967）, Reinharz（1979）, Schwartz and Becker（1971）, Schwartz and Schwartz（1955）, Trow（1957）, Vidich and Shapiro（1955）, Vidich（1955）, and Whyte（1955, 1984）.

12——フォーカス・グループについては、注6で挙げた文献も参考になる。

13——レパートリー・グリッド分析は、回答者が作成したカテゴリーや尺度を統計的に処理できるように設計されている。この方法の詳細は、以下を参照のこと。Chambers（1985）, Chambers and Grice（1986）, Collett（1979）, Durgee（1986a）, MacFarlane-Smith（1972）, Sampson（1972b）.

14——人生物語については、以下に詳しい。Bennis（1968）, Bromley（1986）, Campbell（1975）, Cavan et al.（1930）, Denzin（1978a）, Dollard（1935）, Frank（1979）, Langness（1965）, Little（1980）, Tagg（1985）, Van Velsen（1967）, Watson and Watson-Franke（1985）.

15——事例研究については、以下も参考になる。Bennis（1968）, Bonoma（1985）, Bromley（1986）, Campbell（1975）, Leenders and Erskine（1973）, McClintock et al.（1979）, Stake（1978）.

16——回答者が特定の活動を行う際に、回答者の内的状態や意思決定プロセスを記述することで、規定が作成される。この方法の詳細には、以下を参照されたい。Bettman（1979）とEricsson and Simon（1980）.

17——日記法の詳細については、Atkinson（1985）, Norris（1987）, Zimmerman and Wieder（1977）を参照のこと。

18——こうした問題については、以下のリサーチャーが取り組んでいる。Brown and Sime（1982）, Campbell and Fiske（1959）, Canter et al.（1985）, Cavan et al.（1930）, Jick（1979）, McClintock et al.（1979）, Myers（1977）, Rist（1977）, Sieber（1973）, Sproull and Sproull（1982）, Tagg（1985）, Trend（1979）, Vidich and Shapiro（1955）.

19——文化的カテゴリーという用語は、McCracken（1988b）にて定義され、議論され、図示されている。

20——これは、リサーチャーが多くのインタビューを行うために必要な時間を判断する際に、心に留めておくべき要素である。私自身の経験では、一日一回の面接が経験則としては最良のルールである。私は一日二回の面接を試みたことがあるが、三日続けて面接すると疲れが生じることが分かった。

21——こうしたプログラム、またそれに類するものは以下の文献でレビューされている。Badgett（1987）。質的データの処理における、コンピュータ技術のその他の利用法については、以下の文献で検討されている。Bernard and Evans（1983）, Chambers and Grice（1986）, Cohen（1985）, Collett（1979）, Conrad and Reinharz（1984）, Mostyn（1985）, Podolefsky and McCarty（1983）, Richards and Richards（1987）, Sproull and Sproull（1982）。

22——この一覧は、バンジ（Bunge）の「科学的な理論の構築と評価における単純さの重要性」を参考にした。このように、バンジの二〇項目からなる独自の評価指標は、社会科学的な説明ではなく、自然科学的な理論の評価のために設計されたものであることに留意されたい。また、ここで提案されている七つの条件は、哲学的な厳密さに欠けているものを有用性という枠組みの中で補うための、大まかで即効性のある分類的な方法として意図的に作成されたものであることも注目に値する。

23——すでに質的リサーチの書き上げプロセスに精通している社会科学者は、この章を読み飛ばした方がよいかもしれない。

24——読者は、ここで提案されている書き上げのモデルは、問題に対処するアプローチの一つに過ぎないことを覚えておくとよい。また、この分野では現在、実験を中心にリサーチが進められていることに留意されたい（Marcus and Fischer, 1986; Van Maanen, 1988）。以下のガイドラインは、処方箋というよりも提案といった心持ちで挙げられている。

参考文献

ABLON, J.（1977）“Field method in working with middle class Americans: new issues of values, personality, and reciprocity.” Human Organization 36（1）: 69–72.

ALBERT, S. and S. KESSLER（1978）“Ending social encounters.” J. of Experimental Social Psychology 14（6）: 541–553.

AGAR, M. H.（1980）The Professional Stranger: An Informal Introduction to Ethnography. New York: Academic Press.

AGAR, M. H.（1983a）“Ethnographic evidence.” Urban Life 12（1）: 32–48.

AGAR, M. H.（1983b）“Inference and schema: an ethnographic view.” Human Studies 6: 53–66.

AGAR, M. H.（1986）Independents Declared: The Dilemmas of Independent Trucking. Washington, DC: Smithsonian Institution Press.

ANDERSON, P.（1986）“On method in consumer research: a critical relativist perspective.” J. of Consumer Research 13（2）: 155–173.

ARF（Advertising Research Foundation）（1985）Focus Groups: Issues and Approaches. New York: Advertising Research Foundation.

ATKINSON, D.（1985）“The use of participant observation and respondent diaries in a study of ordinary living." British J. of Mental Subnormality 31/1 (60): 33-39.

BADGETT, T. (1987) "Searching through files with database software." PC Magazine 6 (18 October): 175-190.

BANKS, J. A. (1957) "The group discussion as an interview technique." Soc. Rev. 5 (1): 75-84.

BARNETT, S. (1985) "Everyday life ethnography: case studies of dishwashing and diapering," pp. 31-42 in C. Clark (ed.) On Beyond Interviewing: Observational Studies of Consumer Behavior. Chicago, IL: Conference Proceedings, October 10.

BARTON, A. H. and P. F. LAZARSFELD (1955) "Some functions of qualitative analysis in social research." Frankfurter Beitrage Zur Soziologie Band 1: 321-361.

BARTOS, R. (1986) "Qualitative research: what it is and where it came from." J. of Advertising Research 26 (3).

BAUMAN, R, and J. SHERZER (eds.) (1974) Explorations in the Ethnography of Speaking. New York: Cambridge Univ. Press.

BECKER, H. S. (1954) "Field notes and techniques: a note on interviewing tactics." Human Organization 12 (4): 31-32.

BECKER, H. S. (1956) "Interviewing medical students." Amer. J. of Sociology 62 (2): 199-201.

BECKER, H. S. (1958) "Problems of inference and proof in participant observation." Amer. Soc. Rev. 23 (6): 652-660.

BECKER, H. S. and B. GEER (1957) "Participant observation and interviewing: a comparison." Human Organization 16 (3): 28-32.

BECKER, H. S. and B. GEER (1958) "Participant observation and interviewing: a rejoinder." Human Organization 17 (2): 39-40.

BELK, R. W. (1986) "Art versus science as ways of generating knowledge about materialism," pp. 3-36 in D. Brinberg and R. J. Lutz (eds.) Perspectives on Methodology in Consumer Research. New York: Springer-Verlag.

BELK, R. W. (1987) "The role of the odyssey in consumer behavior and in consumer research," pp. 357-361 in M. Wallendorf and P. Anderson (eds.) Advances in Consumer Research. Provo, UT: Association for Consumer Research.

BELLENGER, D., K. L. BERNHARDT, and J. L. GOLDSTUCKER (1976) Qualitative Research in Marketing. Chicago: American Marketing Association.

BENNEY, M. and E. C. HUGHES (1956) "Of sociology and the interview: editorial preface." Amer. J. of Sociology 62 (September): 137-142.

BENNIS, W. G. (1968) "The case study." J. of Applied Behavioral Science 4 (2): 227-231.

BERENT, P. H. (1966) "The technique of the depth interview." J. of Advertising Research 6 (2): 32-39.

BERNARD, H. R. and M. J. EVANS (1983) "New microcomputer techniques for anthropologists." Human Organization 42 (2): 182-185.

BERREMAN, G. D. (1966) "Anemic and emetic analyses in social anthropology." Amer. Anthropologist 68 (2): 346-354.

BETTMAN, J. R. (1979) An Information Processing Theory of Consumer Choice. Reading, MA: Addison-Wesley.

BOGDAN, R. and S.J. TAYLOR (1975) Introduction of Qualitative Research Methods: A Phenomenological Approach to the Social Sciences. New York: John Wiley.

BONOMA, T. (1985) "Case research in marketing: opportunities, problems and a process." J. of Marketing Research 22 (May): 199-208.

BORMAN, K. M., M. D. LECOMPTE, and J. P. GOETZ (1986) "Ethnographic and qualitative research design and why it doesn't work." Amer. Behavioral Scientist 30 (1): 42-57.

BRENNER, M. (1985) "Intensive Interviewing," pp. 147-162 in M. Brenner, J. Brown, and D. Canter (eds.) The Research Interview: Uses and Approaches. London: Academic Press.

BRIGGS, C. L. (1986) Learning How to Ask: A Sociolinguistic Appraisal of the Role of the Interview in Social Science Research. New York: Cambridge Univ. Press.

BROMLEY, D. (1986) The Case Study Method in Psychology and Related Disciplines. New York: John Wiley.

BROWN, J. M. and J. D. SIME (1982) "Multidimensional scaling analysis of qualitative data," pp. 71-90 in E. Shepherd and J.P. Watson (eds.) Personal Meanings: The First Guy's Hospital Symposium on the Individual Frame of Reference. New York: John Wiley.

BRYMAN, A. (1984) "The debate about quantitative and qualitative research." British J. of Sociology 35 (1): 75-92.

BUNGE, M. (1961) "The weight of simplicity in the construction and assaying of scientific theories." Philosophy of Sci. 28 (2): 120-149.

CALDER, B. (1977) "Focus groups and the nature of qualitative marketing research." J. of Marketing Research 14 (August): 353-364.

CAMPBELL, D. T. (1955) "The informant in qualitative research." Amer. J. of Sociology 60 (4): 339–342.

CAMPBELL, D., T. (1975) " 'Degrees of freedom' and the case study." Comparative Pol. Studies 8: 178–193.

CAMPBELL, D. T. and D. W. FISKE (1959) "Convergent and discriminant validation by the multitrait-multimethod matrix." Psych. Bull. 56: 81–105.

CANNELL, C. F. and M, AXELROD (1956) "The respondent reports on the interview." Amer. J. of Sociology 62 (2): 177–181.

CANNELL, C. F., F. J. FOWLER, Jr., and K. H. MARQUIS (1968) The Influence of Interviewer and Respondent Psychological and Behavioral Variables on the Reporting in Household Interviews, Public Health Service, Series 2, Number 26, 1–65. Washington, DC: Department of Health, Education, and Welfare, National Center for Health Statistics.

CANNELL, C, F, L. OKSENBERG, and J. M. CONVERSE (eds.) (1979) Experiments in Interviewing Techniques: Field Experiments in Health Reporting, 1971–1977. Research Report Series. Ann Arbor: University of Michigan, Institute for Social Research.

CANTER, D., J. BROWN, and L. GROAT (1985) "A multiple sorting procedure for studying conceptual systems," pp. 79–114 in M. Brenner, J. Brown, and D. Canter (eds.) The Research Interview: Uses and Approaches. London: Academic Press.

CAPLOW, T. (1956) "The dynamics of information interviewing." Amer. J. of Sociology 62 (2): 165–171.

CASSELL, J. (1977) "The relationship of observer to observed in peer group research." Human Organization 36 (4): 412–416.

CAVAN, R., P. M. HAUSER, and S. A. STOUFFER (1930) "Note on the statistical treatment of life history material." Social Forces 9: 200-203.

CHAMBERS, W. V. (1985) "A repertory grid measure of mandalas." Psych. Reports 57: 923–928.

CHAMBERS, W. V. and J. W. GRICE (1986) "Circumgrids: a repertory grid package for personal computers." Behavior Research Methods, Instruments, and Computers 18 (5): 468.

CHOCK, P. P. (1986) "Irony and ethnography: on cultural analysis of one's own culture." Anthro. Q. 59 (2): 87–96.

CHURCHILL, L. (1973) Questioning Strategies in Sociolinguistics. Rowley, MA: Newbury House.

CLIFFORD, J. and G. E. MARCUS (eds.) (1986) Writing Culture: The Poetics and Politics of Ethnography. Berkeley: Univ. of California Press.

COHEN, R. J. (1985) "Computer-enhanced qualitative research." J. of Advertising Research 25 (3): 48–52.

COLLETT, P. (1979) "The repertory grid in psychological research," pp. 225–252 in G. P. Ginsburg (ed.) Emerging Strategies in Social Psychological Research. New York: John Wiley.

CONRAD, P. and S. REINHARZ (eds.) (1984) "Computers and qualitative data." Qualitative Sociology 7 (1–2): 1–194.

COOK, T. D. and C. S. REICHARDT (eds.) (1979) Qualitative and Quantitative Methods in Evaluation Research. Beverly Hills, CA: Sage.

CRONBACH, L. (1975) "Beyond the two disciplines of scientific psychology." Amer. Psychologist 30: 116–127.

DENZIN, N. K. (1978a) "The comparative life history method," pp. 214–255 in N. K. Denzin, The Research Act. New York: McGraw-Hill.

DENZIN, N. K. (1978b) “The sociological interview,” pp. 112-134 in N. K. Denzin, The Research Act. New York: McGraw-Hill.

DESHPANDE, R. (1983) “Paradigms lost: on theory and method in research in marketing.” J. of Marketing 47 (Fall): 101-110.

DOHRENWEND, B, S. and S. A. RICHARDSON (1956) “Analysis of the interviewer's behavior.” Human Organization 15 (2): 29-32.

DOLLARD, J. (1935) Criteria for the Life History. New Haven: Yale Univ. Press.

DOUGLAS, J. D. (1976) Investigative Social Research. Beverly Hills, CA: Sage.

DUBOIS, C. (1937) “Some psychological objectives and techniques in ethnology.” J. of Social Psychology 3: 285-301.

DURGEE, J. F. (1986a) “Depth-interviewing techniques for creative advertising.” J. of Advertising Research 25 (6): 29-37.

DURGEE, J. F. (1986b) “Richer findings from qualitative research.” J. of Advertising Research 26 (4): 36-44.

ELDEN, M. (1981) “Sharing the research work: participative research and its role demands,” pp. 253-266 in P. Reasons and J. Rowan (eds.) Human Inquiry: A Sourcebook of New Paradigm Research. Chichester: John Wiley.

ELLEN, R, F. (ed.) (1984) “Ethnographic research: a guide to general conduct.” London: Academic Press.

EMERSON, R. M. (ed.) (1983) Contemporary Field Research. Boston: Little, Brown.

EMERSON, R. M. (1987) “Four ways to improve the craft of fieldwork.” J. of Contemporary Ethnography 16 (1): 69-89.

EPSTEIN, A. L. (ed.) (1967) The Craft of Social Anthropology. London: Tavistock.

ERICSSON, K. A. and H. A. SIMON (1980) "Verbal reports as data." Psych. Rev. 87 (3): 215-251.

EVANS-PRITCHARD, E. E. (1961) "Social anthropology: past and present," pp. 13-28 in E. E. Evans-Pritchard, Essays in Social Anthropology. London: Faber & Faber.

FALCIGLIA, G., D. WAHLBRINK, and D. SUSZKIW (1985) "Factors of change in elderly eating-related behaviors: an anthropological perspective." J. of Nutrition for the Elderly 5 (1): 67-77.

FERN, E. F. (1982) "The use of focus groups for idea generation: the effects of group size, acquaintanceship and moderator on response quantity and quality." J. of Marketing Research 19 (February): 1-13.

FOSTER, G. M., T. SCUDDER, E. COLSON, and R. V. KEMPER (eds.) (1979) Long-Term Field Research in Social Anthropology. New York: Academic Press.

FRANK, G. (1979) "Finding the common denominator: a phenomenological critique of life history." Ethos 7; 68-94.

FREILICH, M. (ed.) (1970) Marginal Natives At Work: Anthropologists in the Field. New York: Harper & Row.

GEERTZ, C. (1976) "From the native's point of view: on the nature of anthropological understanding," pp. 221-237 in K. Basso and H. A. Selby (eds.) Meaning in Anthropology. Albuquerque, NM: Univ. of New Mexico Press.

GEERTZ, C. (1979) "Deep play: notes on the Balinese cockfight," pp. 181-233 in P. Rabinow and W. M. Sullivan (eds.) Interpretive Social Science: A Reader. Berkeley: Univ. of California Press.

GERGEN, K. J. and M. GERGEN (1986) "Narrative form and the construction of psychological science," pp.

22–44 in T. R. Sarbin (ed.) Narrative Psychology. New York; Praeger.

GINSBURG, G. P. (ed.) (1979) Emerging Strategies in Social Psychological Research. New York: John Wiley.

GIORGI, A. (1970) Psychology as a Human Science: A Phenomenologically Based Approach. New York: Harper & Row.

GIORGI, A. (ed.) (1985) Phenomenology and Psychological Research. Pittsburgh: Duguesne Univ. Press.

GLASER, B. G. and A. L. STRAUSS (1965) "The discovery of substantive theory: a basic strategy underlying qualitative research." Amer. Behavioral Scientist 8 (6): 5–12.

GLASER, B. G. and A. L. STRAUSS (1968) The Discovery of Grounded Theory: Strategies for Qualitative Research. London: Weidenfeld & Nicolson.

GOETZ, J. P. and M. D. LECOMPTE (1984) Ethnography and Qualitative Design in Educational Research. Orlando, FL: Academic Press.

GOFFMAN, E. (1976) "Replies and responses." Language in Society 5: 257–313.

GOLDMAN, A. E. (1962) "The group depth interview." J. of Marketing 26 (3): 61–68.

GORDEN, R. (1956) "Dimensions of depth interview." Amer. J. of Sociology 62 (2): 158–164.

GREENHOUSE, C. J. (1985) "Anthropology at home: whose home?" Human Organization 44 (3): 261–264.

GROSS, N. and W.S. MASON (1953) "Some methodological problems of eight-hour interviews." Amer. J. of Sociology 59 (3): 197–204.

GUBA, E. S. and Y. S. LINCOLN (1981) Effective Evaluation. San Francisco: Jossey-Bass.

GUMPERZ, J. J. and D. HYMES (eds.) (1972) Directions in Sociolinguistics: The Ethnography of Communication. New York: Holt, Rinehart & Winston.

HALLE, D. (1984) America's Working Man: Work, Home and Politics among Blue Collar Property Owners. Chicago: Univ. of Chicago Press.

HAMMERSLEY, M. and P. ATKINSON (1983) Ethnography: Principles in Practice. London: Tavistock.

HARRE, R. (1981) "The positivist-empiricist approach and its alternative," pp. 3-17 in P. Reasons and J. Rowan (eds.) Human Inquiry: A Sourcebook of New Paradigm Research. Chichester: John Wiley.

HARRE, R. and P. F. SECORD (1972) The Explanation of Social Behavior. Blackwell: Oxford.

HIGGINBOTHAM, J. B. and K. K. COX (eds.) (1979) Focus Group Interviews: A Reader. Chicago: American Marketing Assn.

HIRSCHMAN, E. C. (1985) "Scientific style and the conduct of consumer research." J. of Consumer Research 12 (2): 225-239.

HIRSCHMAN, E. C. and M. B, HOLBROOK (1986) "Expanding the ontology and methodology of research on the consumption experience," pp. 213-251 in D. Brinberg and R. J. Lutz (eds.) Perspectives on Methodology in Consumer Research. New York: Springer-Verlag.

HOLBROOK, M. B. (1987a) "From the log of a consumer researcher," pp. 365-369 in M. Wallendorf and P. Anderson (ed.) Advances in Consumer Research. Provo, UT: Assn. for Consumer Research.

HOLBROOK, M. B. (1987b) "What is consumer research?" J. of Consumer Research 14 (1): 128-132.

HOWE, C. (1985) "Possibilities for using a qualitative research approach in the sociological study of leisure." J. of Leisure Research 17 (3): 212-224.

JICK, T. D. (1979) "Mixing qualitative and quantitative methods: triangulation in action." Admin. Sci. Q. 24 (4): 602-611.

KIRK, J. and M. L. MILLER (1986) Reliability and Validity in Qualitative Research. Beverly Hills, CA: Sage.

KLUCKHOHN, F. R. (1940) "The participant-observer technique in small communities." Amer. J. of Sociology 46 (3): 331–343.

KRUGER, D. (1979) An Introduction to Phenomenological Psychology. Pittsburgh: Duquesne Univ. Press.

KUHN, T. S. (1962) The Structure of Scientific Revolutions. Chicago: Univ. of Chicago Press.

LANGNESS, L. L. (1965) The Life History in Anthropological Science. New York: Holt, Rinehart & Winston.

LAROSSA, R. and J. H. WOLF (1985) "On qualitative family research." J. of Marriage and the Family 46 (August): 531–541.

LAWLESS, R. et al. (eds.) (1983) Fieldwork: The Human Experience. New York: Gordon & Breach Science.

LAZARSFELD, P. E. (1972a) "The art of asking why: three principles underlying the formulation of questionnaires," pp. 183–202 in P. E. Lazarsfeld, Qualitative Analysis. New York: Allyn & Bacon.

LAZARSFELD, P. E. (1972b) Qualitative Analysis: Historical and Critical Essays. Boston: Allyn & Bacon.

LEENDERS, M. R. and J. ERSKINE (1973) Case Research: The Case Writing Process. London, Ontario: University of Western Ontario, School of Business.

LERNER, D. (1956) "Interviewing Frenchmen." Amer. J. of Sociology 62 (2): 187–194.

LEZNOFF, M. (1956) "Interviewing homosexuals." Amer. J. of Sociology 62 (2): 202–204.

LINCOLN, Y. S. and E. G. GUBA (1985) Naturalistic Inquiry. Beverly Hills, CA: Sage.

LINSTONE, H. A. and M. TUROFF (eds.) (1975) The Delphi Method: Techniques and Applications. Reading, MA: Addison-Wesley.

LITTLE, K. (1980) "Explanation and individual lives: a reconsideration of life writing in anthropology."

Dialectical Anthropology 5: 215–226.

LOFLAND, J. (1976) Doing Social Life: The Qualitative Study of Social Life. New York: John Wiley.

LOFLAND, J. and L. H. LOFLAND (1984) Analyzing Social Settings: A Guide to Qualitative Observation and Analysis. Belmont, CA: Wadsworth.

MacFARLANE-SMITH, J. (1972) Interviewing in Market and Social Research. London: Routledge & Kegan Paul.

MARCUS, G. E. and M.M.J. FISCHER (1986) Anthropology as Cultural Critique: An Experimental Moment in the Human Sciences. Chicago: Univ. of Chicago Press.

MAY, J. P. (1978) "Qualitative advertising research: a review of the role of the researcher." J. of the Market Research Society 20 (4).

McCALL, G. J. and J. L. SIMON (eds.) (1969) Issues in Participant Observation: A Text and Reader. Reading, MA: Addison-Wesley.

McCLINTOCK, C., D. BRANNON, and S. MAYNARD-MOODY (1979) "Applying the logic of sample surveys to qualitative case studies: the case cluster method." Admin. Sci. Q. 24 (December): 612–629.

McCRACKEN, G. (1986) "*Upstairs/Downstairs*: the Canadian production. The cultural and communicative properties of one Canadian home," pp. 68–71 in J. W. Carswell and D. G. Saile (eds.) Purposes in Built Form and Culture Research: Conference Proceedings. Lawrence: University of Kansas.

McCRACKEN, G. (1987) "Culture and consumption among the elderly: three research objectives in an emerging field." Aging and Society 7 (2): 203–224.

McCRACKEN, G. (1988a) "Lois Roget: curatorial consumer in a modern society," pp. 44–53 in G. McCracken,

Culture and Consumption: New Approaches to the Symbolism of Consumer Goods and Activities. Bloomington: Indiana Univ. Press.

McCRACKEN, G.（1988b）“Meaning manufacture and movement in the world of goods,” pp. 71–89 in G. McCracken, Culture and Consumption: New Approaches to the Symbolism of Consumer Goods and Activities. Bloomington: Indiana Univ. Press.

McDERMOTT, R. P., K. GOSPODINOFF, and J. ARON（1978）“Criteria for an ethnographically adequate description of concerted activities and their activities.” Semiotica 24: 245–275.

MERTON, R. K., M. FISKE, and P. L. KENDALL（1956）The Focused Interview: A Manual of Problems and Procedures. New York: Free Press.

MERTON, R. K. and P. L. KENDALL（1946）“The focused interview.” Amer. J. of Sociology 51（6）: 541–557.

MESSERSCHMIDT, D. A.（ed.）（1981）Anthropologists at home in North America. Cambridge: Cambridge Univ. Press.

MILES, M. B.（1979）“Qualitative data as an attractive nuisance: the problem of analysis.” Admin. Sci. Q. 24（December）: 590–601.

MILES, M. B. and A. M. HUBERMAN（1984）Qualitative Data Analysis: A Sourcebook of New Methods. Beverly Hills, CA: Sage.

MILLER, S. M.（1952）“The Participant Observer and ‘Over-Rapport.’” Amer. Soc. Rev. 17（February）: 97–99.

MORAN, W. T.（1986）“The science of qualitative research.” J. of Advertising Research 26（3）: RC 16-RC 19.

MORGAN, G.（ed.）（1983）Beyond Method. Beverly Hills, CA: Sage.

MORGAN, G. and L. SMIRCICH (1980) "The case for qualitative research." Academy of Management Rev. 5 (4): 491-500.

MOSTYN, B. (1985) "The content analysis of qualitative research data: a dynamic approach," pp. 115-145 in M. Brenner, J. Brown, and D. Canter (eds.) The Research Interview: Uses and Approaches. London: Academic Press.

MYERS, V. (1977) "Toward a synthesis of ethnographic and survey methods." Human Organization 36: 244-251.

NASH, D. and R. WINTROB (1972) "The emergence of self-consciousness in ethnography." Current Anthropology 13 (5): 527-542.

NORRIS, J. (1987) "Using diaries in gerontological research." Presented at Symposium on Qualitative Methods, Guelph, Ontario, March 13.

O'NEILL, J. (1985) "Phenomenological sociology." Canadian Rev. of Sociology and Anthropology 22 (5): 748-770.

OLESEN, V. L. and E. WHITTAKER (1967) "Role making in participant observation: processes in the researcher-actor relationship." Human Organization 26: 273-281.

OVERHOLSER, C. (1986) "Quality, quantity, and thinking real hard." J. of Advertising Research 26 (3): RC 7-RC 12.

PALMER, V. M. (1928) Field Studies in Sociology: A Student's Manual. Chicago: Univ. of Chicago Press.

PATTON, M. Q. (1980) Qualitative Evaluation Methods. Beverly Hills, CA: Sage.

PAUL, B. D. (1953) "Interview techniques and field techniques," pp. 430-451 in A. L. Kroeber (ed.)

Anthropology Today. Chicago: Univ. of Chicago Press.

PIORE, M. J. (1979) "Qualitative research techniques in economics." Admin. Sci. Q. 24 (December): 560–569.

PODOLEFSKY, A. and C. MCCARTY (1983) "Topical sorting: a technique for computer assisted qualitative data analysis." Amer. Anthropologist 85: 886–889.

PSATHAS, G. (ed.) (1973) Phenomenological Sociology. New York: John Wiley.

RABINOW, P. (1977) Reflections on Fieldwork in Morocco. Berkeley: Univ. of California Press.

RABINOW, P. and W. M. SULLIVAN (eds.) (1979) Interpretive Social Science. Berkeley: Univ. of California Press.

RATCLIFFE, J. W. (1983) "Notions of validity in qualitative research methodology." Knowledge: Creation, Diffusion, Utilization 5 (2): 147–167.

REASONS, P. and J. ROWAN (1981) "Issues of validity in new paradigm research," pp. 239–250 in P. Reasons and J. Rowan (eds.) Human Inquiry: A Sourcebook of New Paradigm Research. Chichester: John Wiley.

RENNIE, D. L., J. R. PHILLIPS, and G. K. QUARTARO (in press) "Grounded theory: a promising approach to conceptualization in psychology?" Canadian Psychology 29.

REEVES SANDAY, P. (1979) "The ethnographic paradigm (s)." Qualitative Methodology 24 (December): 527–538.

REINHARZ, S. (1979) On Becoming a Social Scientist: From Survey Research and Participant Observation to Experiential Analysis. San Francisco: Jossey-Bass.

RICHARDS, L. and T. RICHARDS (1987) "Qualitative data analysis: can computers do it?" Australian and New Zealand J. of Sociology 23 (1): 23-35.

RIST, R. (1977) "On the relations among educational research paradigms: from disdain to detente." Anthropology and Education 8: 42-49.

ROGERS, C. R. (1945) "The non-directive method as a technique for social research." Amer. J. of Sociology 50 (4): 279-283.

SACKS, H., E. A. SCHEGLOFF, and G. JEFFERSON (1974) "A simplest systematics for the organization of turn-taking for conversation." Language 50: 696-735.

SALAMONE, F. (1977) "The methodological significance of the lying informant." Anthropology Q. 50: 117-124.

SAMPSON, R. (1972a) "Qualitative research and motivation research," pp. 7-27 in R. M. Worcester (ed.) Consumer Market Research Handbook. London: McGraw-Hill.

SAMPSON, R. (1972b) "Using the repertory grid test." J. of Marketing Research 9 (February): 78-81.

SCHATZMAN, L. and A. STRAUSS (1973) Field Research: Strategies for a Natural Sociology. Englewood Cliffs, NJ: Prentice-Hall.

SCHEGLOFF, E. and H. SACKS (1973) "Opening up closings." Semiotica (8): 289-327.

SCHIFFRIN, D. (1977) "Opening encounters." Amer. Soc. Rev. 42 (5): 679-691.

SCHWARTZ, G. and P. BECKER (1971) "Participant observation and the discovery of meaning." Philosophy of the Social Sciences 1: 279-298.

SCHWARTZ, H. and J. JACOBS (1979) Qualitative Sociology. New York: Free Press.

SCHWARTZ, M. S. and C. G. SCHWARTZ (1955) "Problems in participant observation." Amer. J. of Sociology 60 (4): 343-353.

SEELEY, J. R., R. A. SIM, and E. W. LOOSELY (1956) Crestwood Heights: A Study of the Culture of Suburban Life. Toronto: Univ. of Toronto Press.

SHAFFIR, W. B., R. A. STEBBINS, and A. TUROWETZ (eds.) (1980) Fieldwork Experience: Qualitative Approaches to Social Research. New York: St. Martin's.

SHERRY, J. F., Jr. (1987) "Keeping the monkeys away from the typewriters: an anthropologist's view of the consumer behavior odyssey," pp. 370-373 in M. Wallendorf and P. Anderson (eds.) Advances in Consumer Research. Provo, UT: Association for Consumer Research.

SIEBER, S, D. (1973) "The integration of fieldwork and survey methods." Amer. J. of Sociology 78; 1335-1359.

SILVERMAN, D. (1985) Qualitative Methodology and Sociology. Aldershot, Hamp shire: Gower.

SMITH, J. K. and L. HESHUSIUS (1986) "Closing down the conversation: the end of the quantitative-qualitative debate among educational inquirers." Educ. Researcher 19: 4-12.

SNELL, D. A. (1987) "Focus groups: theory and analysis." Canadian J. of Marketing Research 6: 2-9.

SPRADLEY, J. P. (1979) The Ethnographic Interview. New York: Holt, Reinhardt & Winston.

SPROULL, L. S. and R. F. SPROULL (1982) "Managing and analyzing behavioral records: explorations in nonnumeric data analysis." Human Organization 41 (4): 283-290.

SRINIVAS, M. N, et al. (eds.) (1979) The Fieldwork and the Field. Delhi: Oxford Univ. Press.

STAKE, R. E. (1978) "The case study method in social inquiry." Educ. Researcher 7 (2): 5-8.

STEBBINS, R. A. (1972) "The unstructured research interview as incipient interpersonal relationship." Sociology and Social Research 56 (2): 164-177.

STOCKING, G. W., Jr. (1983) "The ethnographer's magic: fieldwork in British anthropology from Tylor to Malinowski," pp 70-120 in G. W. Stocking, Jr. (ed.) Observers Observed: Essays on Ethnographic Fieldwork. Madison: Univ, of Wisconsin Press.

STRAUSS, A. and L. SCHATZMAN (1955) "Cross-class interviewing: an analysis of interaction and communication styles." Human Organization 14 (2): 28-31.

SULLIVAN, H. S. (1954) The Psychiatric Interview. New York: Norton.

TAGG, S. K. (1985) "Life story interview and their interpretation," pp. 163-199 in M. Brenner, J. Brown, and D. Canter (eds.) The Research Interview: Uses and Approaches. London: Academic Press.

THOMAS, J. (ed.) (1983) "The Chicago School." Urban Life 11 (4) (Special issue): 908-944.

TREND, M. G. (1979) "On the reconciliation of qualitative and quantitative analyses: a case study," pp. 68-86 in T. D. Cook and C. S. Reichardt (eds.) Qualitative and Quantitative methods in Evaluation Research. Beverly Hills, CA: Sage.

TROW, M. (1957) "Comment on participant observation and interviewing: a comparison." Human Organization 16 (3): 33-35.

TRUZZI, M. (ed.) (1974) Verstehen: Subjective Understanding in the Social Sciences. Reading, MA: Addison-Wesley.

TURNER, V. (1967) "Muchona the Hornet, interpreter of religion," pp. 131-150 in V. Turner (ed.) The Forest of Symbols. Ithaca: Cornell Univ. Press.

VAN MAANEN, J. (ed.) (1982) Varieties of Qualitative Research. Beverly Hills, CA: Sage.

VAN MAANEN, J. (ed.) (1983) Qualitative Methodology. Beverly Hills, CA: Sage.

VAN MAANEN, J. (1988) Tales of the Field: On Writing Ethnography. Chicago: Univ. of Chicago Press.

VAN MAANEN, J., J. M. DABBS, and R. R. FAULKNER (1982) Varieties of Qualitative Research. Beverly Hills, CA: Sage.

VAN VELSEN, J. (1967) "The extended-case method and situational analysis," pp. in A. L. Epstein (ed.) The Craft of Anthropology. London: Social Science Paperbacks.

VIDICH, A. J. (1955) "Participant observation and the collection and interpretation of data." Amer. J. of Sociology 60 (4): 354-360.

VIDICH, A. J. and G. SHAPIRO (1955) "A comparison of participant observation and survey data." Amer. Soc. Rev. 20: 28-33.

VOGT, E. Z. (1956) "Interviewing water-dowers." Amer. J. of Sociology 62 (2): 198.

VON HOFFMAN, N. and S. W. CASSIDY (1956) "Interviewing Negro Pentecostals." Amer. J. of Sociology 62 (2): 195-197.

WALLENDORF, M. (1987) "On the road again: the nature of qualitative research on the consumer behavior odyssey," pp. 374-375 in M. Wallendorf and P. Anderson (eds.) Advances in Consumer Research. Provo, UT: Assn. for Consumer Research.

WARNER, L. and P. S. LUNT (1941) The Social Life of a Modern Community. New Haven, CT: Yale Univ. Press.

WATSON, L. C. and M. B. WATSON-FRANKE (1985) Interpreting Life History: An Anthropological Inquiry.

New Brunswick: Rutgers Univ. Press.

WAX, M. and L. J. SHAPIRO (1956) "Repeated interviewing." Amer. J. of Sociology 62 (2): 215–217.

WAX, R. H. (1952) "Reciprocity as a field technique." Human Organization 11 (3): 34–37.

WELLS, W. (1986) "Truth and consequences." J. of Advertising Research 26 (3): RC 13–16.

WERNER, O. and G. M. SCHOEPFLE (1987) Systematic Fieldwork: Foundations of Ethnography and Interviewing. Beverly Hills, CA: Sage.

WHITTAKER, E. (1981) "Anthropological ethics, fieldwork and epistemological disjunctures." Philosophy of the Social Sciences 11: 437–451.

WHITTAKER, E. (1985) The Mainland Haole: White Experience in Hawaii. New York: Columbia Univ. Press.

WHYTE, W. F. (1955) Street Corner Society (enlarged ed.). Chicago: Univ. of Chicago Press.

WHYTE, W. F. (1957) "On asking indirect questions." Human Organization 15 (4):21–25.

WHYTE, W. F. (1960) "Interviewing in field research," pp. 352–374 in R. N. Adams and J. J. Preiss (eds.) Human Organization Research. Homewood, IL: Dorsey.

WHYTE, W. F. (1984) Learning from the Field: A Guide from Experience. Beverly Hills, CA: Sage.

WILLEMS, E. P. and H. L. RAUSCH (eds.) (1969) Naturalistic Viewpoints in Psychological Research. New York: Holt.

WILLIAMS, J. A., Jr. (1964) "Interviewer-respondent interaction: a study of bias in the information interview." Sociometry 27 (3): 338–352.

WILSON, S. (1977) "The use of ethnographic techniques in educational research." Rev. of Educational Research 47 (2): 245–265.

ZIMMERMAN, D. H. and D. L. WIEDER (1977) "The diary: diary interview method." Urban Life 5 (4): 479-498.
川島大輔（二〇一九）「1-4 ライフラインメソッド」サトウタツヤ・春日秀朗・神崎真実 編『質的研究法マッピング：特徴をつかみ、活用するために』新曜社。

著者について

グラント・マクラッケン博士は、カナダのオンタリオ州グエルフにあるグエルフ大学コンシューマー・スタディ学部准教授。一九八一年、シカゴ大学にて人類学の博士号を取得。ケンブリッジ大学社会人類学部の訪問学者、ブリティッシュ・コロンビア大学の人類学および社会学部のキラム・ポストドクロラル・フェローを務めた。博士は約二〇の学術論文と *Culture and Consumption: New Approaches to the Symbolic Character of Consumer Goods and Activities*, Bloomington: University of Indiana Press, 1988（『文化と消費：消費財と活動の象徴的性格への新しいアプローチ』（小池和子 訳『文化と消費とシンボルと』勁草書房、一九九〇年）の著者である。

訳者あとがき

本書は質的リサーチ法、なかでもインタビュー調査法に特化した古典的な文献として、国内外で広く参照されている。Google Scholar によれば、二〇二一年一〇月九日現在で総引用数は一一、一三六件に上り、引用元を調べてみると心理学や社会学、経営学といった社会科学領域のみならず、看護学といったヘルス・ケア領域に至るまで、幅広い文献で引用されている。また、研究方法論の手引書にもたびたび引用されており、本書の内容は学問領域を問わず、幅広い層の関心を集めている。

質的リサーチ法の中でも、インタビュー調査法は最もポピュラーな方法論の一つであるにもかかわらず、その方法や考え方を詳述した専門書は少ない。質的リサーチ法では、研究者自身が調査の道具となる特性上、業績の質がその技能や経験に大きく依存してしまうゆえ、標準的な手引きが限られてきたことは課題といえる。本書の引用元を参照してみても、インタビュー調査の手順や考え方に関する記述は限定的であり、リサーチの進め方や手続きの参考になるものはあまり多くない。

本書は専門書としては手に取りやすい文量である一方、インタビュー調査法の一連のプロセスに加えて付録も充実しており、近年ますます重要になってきている標準的な倫理規定や研究資金の配分など、研究プロジェクトのマネジメントに役立つ資料が掲載されている。こうした資料は、先行文献ではあまり扱われておらず、貴重な資料となるだろう。

加えて本書では、そもそもインタビュー調査法を進めるにあたり、先行研究を整理しておく必要はあるのか、また何人ほどインタビューすれば分析に事足りるのか、調査者自身の過去の経験はどのように分析に活かされるべきか、質的研究者は量的リサーチ法を知らなくても良いのか、またその逆も然りなのかといった、多くの研究者が頭を悩ます疑問に丁寧な回答が添えられている。こうした本質的な質問に対し、多くの示唆が得られることは、量的リサーチ法との違いを理解するうえでも有用であり、量的リサーチ法を主に扱う研究者にとっても参考になるだろう。

最後に、本書を刊行するにあたってお世話になった方々に謝辞を述べたい。まずは株式会社千倉書房の岩澤孝様をはじめとしたスタッフの皆様に厚くお礼申し上げる。本書のような専門書を安心して刊行できるのは、専門書の編集に通じた出版社があってこそ成り立つ。次に、本書の刊行助成を承認された小久保みどり先生、石崎祥之先生を筆頭に、植田展大先生、岸田未来先生、守屋貴司先生、三谷英貴先生に心より感謝の意を述べたい。さらに、石井隆太先生、今井まりな先生、菊盛真衣先生、木下明浩先生、金昌柱先生、齋藤雅通先生、苗苗先生には、日頃から多方面でお世話になっている。加えて、池上重輔先生、石井裕明先生、武谷慧悟先生、古川裕康先生、そのほか上元亘先生、津村将章先生、中川宏道先生、羽藤雅彦先生、三井雄一先生にも刺激を頂いている。本書は立命館大学経営学会「研究叢書刊行助成」を受けて刊行されたものである。最後に、門下生の成長をいつも温かく見守られている、早稲田大学の恩藏直人先生に深謝申し上げる。

二〇二一年一〇月

寺﨑新一郎

tiered	階層化された
topic-gliding	話題滑走
topic-splicing	話題分割
tradition	作法
transcript	（インタビュー）筆記録
triangulate	トライアンギュレートする［多様なデータ収集の方法や手続きの組み合わせを行うことでリサーチの妥当性を高める行為］

U

unity	単一性

V

view of the world	全体的なモノの見方

W

wrecked	ボロボロに

Q

qualitative research method	質的リサーチ法
quantitative research method	量的リサーチ法

R

readerly	あたかも読み手のような
received understanding	定説
reflection	内省
reflexive	自省的な
repertory grid analysis	レパートリー・グリッド分析
replication	追試
research theme（s）	研究テーマ
research these（s）	研究命題
rummaging	物色

S

semiotics	記号論
serve up	なるべく応えよう
sets off	（データ自体が）訴えかけてくる
standard ethics protocol	標準的な倫理プロトコル
still be in play	仕掛品
surprize	サプライズ［はっと驚くイベント］
symptoms of truth	真実の兆候

T

terra firma	テラ・ファルマ［堅く乾いた大地］
testimony	言明［被面接者が発した言葉と、研究テーマ周辺のトピックとの関連性を示唆してくれるような、言明］

O

observation	観察［被面接者が発した言葉の細部を注意深く観察し、そこから重要な気づきを得ようとする作業］
one-man-band	ワンマン・バンド［役割分担があるはずの、バンドという形態にあって、一人ですべてのパートをこなしてしまうようなバンドマンに、伝統的な人類学者の姿を例えている］
overrapport	過度に気の合う関係

P

papa	パパ
paper trail	紙の痕跡
passage	くだり
planned prompt	計画的プロンプト［被面接者がうまく表現できていない現象について、考えてもらったり、話し合ったりする機会を面接者が与える会話の促進策］
playing dumb	（何も知らない世間知らずの）お坊ちゃまのようなふりをすること
pop	お父ちゃん
positivism	実証主義
positivist	実証主義者
principal investigator（PI）	研究室の主宰者［PI：Principal Investigator］
prompt	プロンプト［面接者が被面接者に対して行う、会話の促進策］
prompting procedure	プロンプト手順
protocol	規定
putting to bed rituals	寝かしつけのしきたり

formal entertainment	フォーマルなくつろぎ

G

gambit	ギャンビット［会話の糸口ないし切り出しの言葉］
ghetto	ゲットー［強制居住区］
grand-tour	脇道
greasy spoon	脂っこいスプーン

I

illuminating	分かりやすく
illumination	明快さ

K

key passages	重要なくだり

L

landing strip	滑走路［参与観察的な描写そのものといった、個別のデータ付近まで抽象度を落とした状態］
license	免罪符
life history	人生物語
lifeworld	生活圏
loss-of-face	面目丸つぶれ

M

manufacture distance	距離を取る
method	方法
methodology	方法論
my old man	おやじ

contrast prompt	対比プロンプト［面接者が被面接者に対して異なるカテゴリーを対比させることで、会話を促進させる方策］
cottage	コテージ［小さな家、別荘］

D

dad	お父さん
defamiliarization	反照らし合わせ
depth interview	デプス・インタビュー［深層面接法］
discourse	言説
donor dicipline	ドナー・ディシプリン［質的リサーチ・メソッドを支える、スタンダードな考え方や実践方法］
dramaturgical metaphor	ドラマツルギー的な要素［被面接者を取り巻く外的環境のこと］

E

exit interview	念押しのインタビュー
eyebrow flash	眉毛フラッシュ［被面接者の発言の最後に眉毛を上げる行為］

F

familiarization	照らし合わせ
father	父親
fits and start	見切り発車
floating prompts	フローティング・プロンプト［面接者が被面接者に対し、控えめかつ自然な方法でストーリーの鍵を握るような言葉を展開させるよう仕向ける会話の促進策］
focus group	フォーカス・グループ［調査対象を絞ったインタビュー］

用　語　一　覧

（　）……原文註
［　］……訳者註
意訳箇所 → 傍点

原文表記	互換例
A	
a treasure-trove of illumination	何かを解き明かすための宝庫
actor	当事者［調査対象者］
administered interview	アドミニスタード・インタビュー［組織化されたリサーチ・チームによるインタビュー］
administered research	アドミニスタード・リサーチ［組織化されたチームによるリサーチ］
adroit	巧妙に
antipositivist	反実証主義者
auto-driving	自動運転［専ら被面接者に説明を委ねること］
B	
blasted	ぶっ壊れて
blasting	ぶっ壊れてしまう
blindness	ブラインドネス［固定観念］
brain-storming	ブレーン・ストーミング［複数人で自由にアイディア出しをする行為］
bundle	まとまり
C	
calculated dimness	計算されたぼんやり感
comissioned research	コミッションド・リサーチ［委託調査］

ヤ行

ラ行

ワ行

ナ行

ハ行

マ行

サ行

タ行

主要事項索引

P

ア行

カ行

［訳者紹介］

寺﨑新一郎（てらさき・しんいちろう）

立命館大学経営学部准教授

早稲田大学大学院商学研究科博士後期課程修了、博士（商学）。九州大学大学院経済学研究院助教等を経て現職。

専門は経営学／マーケティング。

主著に『多文化社会の消費者認知構造：グローバル化とカントリー・バイアス』（早稲田大学出版部、二〇二一年）、日本マーケティング学会員が選ぶ「日本マーケティング本 大賞二〇二一」準大賞、日本商業学会奨励賞、異文化経営学会賞を受賞。日本商業学会、日本マーケティング学会各誌をはじめ、*Tourism Recreation Research*、*Journal of Retailing and Consumer Services*、*Journal of International Consumer Marketing* など、国内外の主要学術誌に論文を掲載。

インタビュー調査法の基礎

――ロングインタビューの理論と実践――

二〇二二年一月八日　初版第一刷発行
二〇二三年一〇月二〇日　初版第三刷発行

著者　グラント・マクラッケン
訳者　寺崎新一郎
発行者　千倉成示
発行所　株式会社 千倉書房
〒一〇四-〇〇三一
東京都中央区京橋三-七-一
〇三-三五二八-六九〇一（代表）
https://www.chikura.co.jp/

印刷・製本　精文堂印刷株式会社

ISBN 978-4-8051-1253-3　C3036